Näh mir eine Geschichte

18 Nähanleitungen
für Stofftiere und Spielfiguren
zum Märchenerzählen und
Liebhaben

Kerry Goulder

KOMET

Inhaltsverzeichnis

Vorwort

Manche Projekte von uns Kreativen, Bastlern und Nähfans sind nur für den Augenblick gedacht, eine zeitweilige Flucht in unsere Fantasiewelt. Andere sind eine Investition in die Zukunft. Und dann gibt es noch diese wunderbaren Projekte, die beides sind: Sie entführen uns in ungeahnte Vorstellungswelten und es entstehen geliebte Stücke, die in der Familie weitergereicht werden und viele Generationen erfreuen.

In *Näh mir eine Geschichte* stellt uns Kerry Goulder 18 mit viel Sorgfalt gearbeitete Projekte vor, die nicht nur Freude beim Nähen bringen, sondern auch „Stoff" für jahrelanges kreatives Spiel bieten. Um unsere Fantasie zu beflügeln, wird jedes Projekt mit einer zauberhaften Geschichte eingeführt, die uns durch wundersame Wälder über Küsten bis in die Arktis und wieder zurückführt.

Mit ihrem außergewöhnlichen Talent für räumliches Design hat Kerry Goulder Muster für Wichtel, Pilze, Mäuse, Schildkröten, Schwertwale und Iglus ausgearbeitet und umgesetzt und teilt sie in diesem Buch mit ihren Leserinnen und Lesern.

Gönnen Sie sich eine süße Auszeit vom Alltag. Ganz gleich, ob Sie für sich oder Ihre Lieben nähen, bietet Ihnen dieses Buch eine reich gefüllte Schatzkiste voll zauberhafter Erinnerungsstücke, die Sie selbst kreieren können. Die liebenswerten Erzählungen der Autorin spiegeln die Wärme und Kreativität wider, die in die sorgfältige Ausarbeitung des Buchs geflossen sind.

Nähen Sie die Besetzung für Ihre Geschichten und nehmen Sie Ihre Lieben durch die Erzählungen von Kerry Goulder mit auf ein Abenteuer, das Sie nicht vergessen werden.

Mit herzlichen Grüßen
Heather Bailey

Die weltweit anerkannte Textil- und Produktdesignerin Heather Bailey hat eine Schwäche für Stoffspielzeug. Sie begann bereits als junges Mädchen, Puppen zu nähen und zu gestalten, und veröffentlicht heute eine breite Palette beliebter Nähmuster, die von Spielzeugen bis zu Taschen reicht. Ihre Muster und Stoffe sind in Handarbeitsgeschäften weltweit erhältlich und ihr viel gelesener Blog erscheint unter HELLOmynameisHeather.com.

Kommen Sie, ich erzähle Ihnen eine Geschichte.

Foto von Nadra Edgerley

Die Ideen in diesem Buch haben ihren Ursprung in unterschiedlichen Bereichen meines Lebens. Einige sind Geschenke, die ich für Freunde und Angehörige gemacht habe, wie die Handarbeitstasche, die ich zunächst für eine liebe Freundin und dann als Weihnachtsgeschenk für viele Lehrerinnen meiner Töchter genäht habe. Die Schildkröte entstand vor vielen Jahren auf einer fünfstündigen Heimfahrt in meinem Kopf als Beitrag für einen Stoffwettbewerb. Die Glühbirne war ein Handarbeitsprojekt meiner Schultage. Alle Tiere sind meinen Töchtern geschuldet, die Tiere über alles lieben. Die Wichtel, mit denen das ganze Konzept für dieses Buch begann, entstammen der Faszination, die meine Zwillingsschwester und ich seit jeher für Elfen und Trolle hegen.

Ich freue mich, in diesem Buch viele Geschichten aus meinem Leben erzählen zu dürfen. Alle Projektgeschichten sind frei erfunden, aber aus Spaß habe ich hier und da eine kleine Anspielung auf die Realität eingestreut. Als ich klein war, hatte mein Großvater väterlicherseits tatsächlich ein Boot mit dem Namen „Wasserratte", das in Maryland vor Anker lag. Mein Onkel Bob, der Bruder meiner Mutter, schwamm gern in Greenport im Bundesstaat New York, wo meine Großeltern lange Jahre lebten. Onkel Bobs Name eignete sich natürlich perfekt für das Bojen-Projekt.

Jedes dieser Muster erzählt eine eigene Geschichte. Jedes beinhaltet einen Gedanken, eine Idee, einen Traum oder eine Erinnerung, die für mich besonders sind. Ich hoffe, dass das Buch, wenn Sie es entdecken und eines der Projekte oder vielleicht auch alle nähen, Ihnen das Gleiche bedeuten wird. Ich würde mich freuen, wenn Sie auf diesen Seiten Ihren inneren „Nähhund" bezwingen. Und vielleicht beflügelt es Ihre Fantasie, sodass Sie selbst die eine oder andere Geschichte schreiben.

Nähzubehör

WERKZEUGE

1. Mit einem **Rollschneider** lassen sich gerade Kanten schnell und genau zuschneiden. Sie brauchen außerdem ein **Schneider-** oder **Patchwork-Lineal** und eine gute **Schneidunterlage**.

2. Die **Schneiderschere** wird hauptsächlich eingesetzt, um Muster zuzuschneiden, die flach auf einem Tisch ausliegen. Die Klingen sind gerade, aber die Griffe haben einen bestimmten Winkel zu den Klingen.

3. Eine **Stickschere** eignet sich am besten, um kleine Details in engen Räumen zuzuschneiden. Sie ist außerdem praktisch, um Endfäden abzuschneiden.

4. Eine **Federschere** eignet sich am besten, um Nahtzugaben einzuschneiden oder einzukerben. Dank der Handgriffe und Feder ermüden die Hände nicht so schnell, da die Feder nach jedem Schnitt zurückspringt. Ich werde nie mehr eine normale Schere zum Einschneiden und -kerben von Kanten verwenden.

5. Eine **Zackenschere** hat Klingen in Zickzackform und verhindert, dass der Stoff ausfranst. Sie hilft auch Volumen herauszunehmen. Sie wird eingesetzt, wenn die Schnittkante später zu sehen sein wird oder Sie die Wulstigkeit der Nähkante verringen möchten.

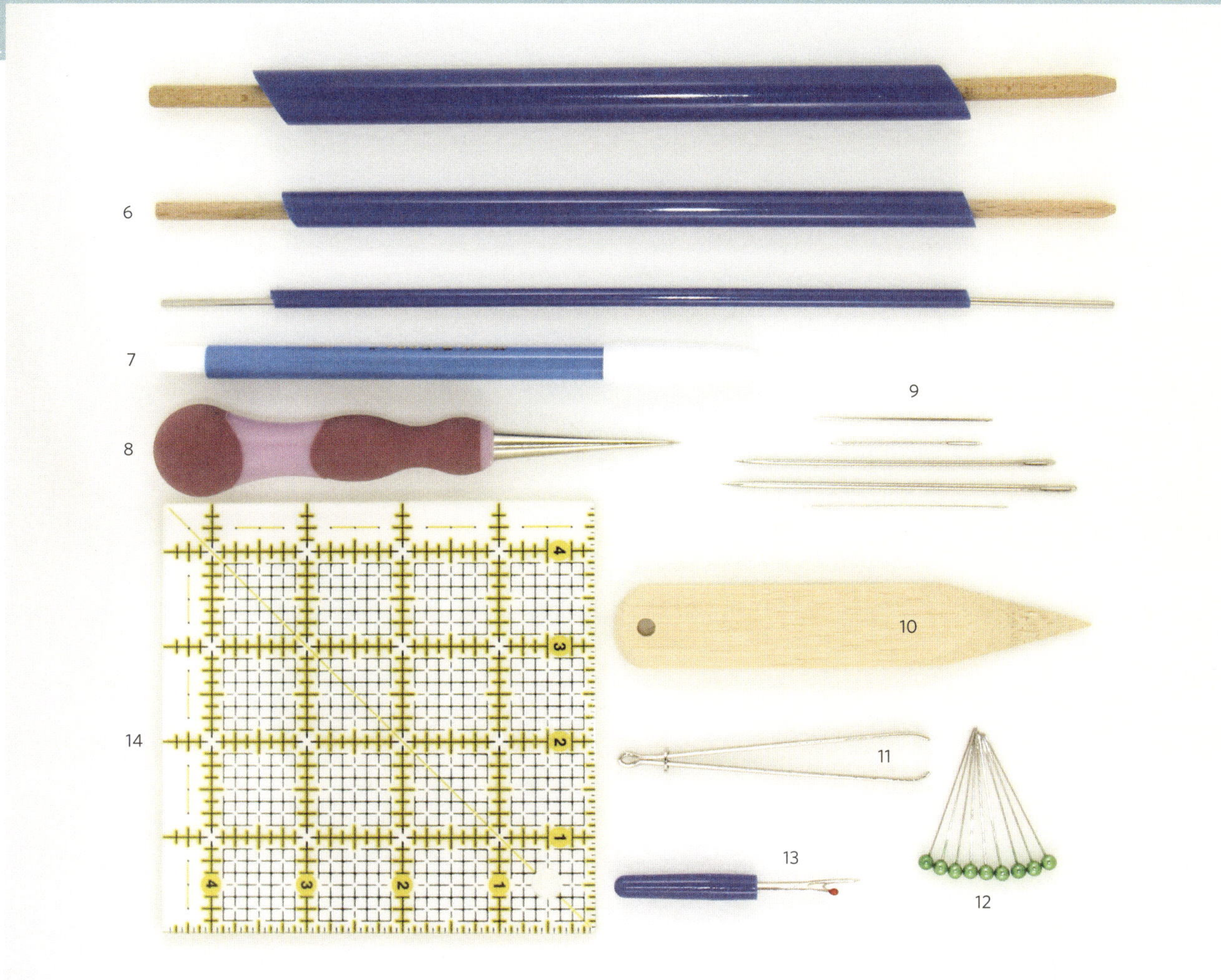

6. Wendehilfen gibt es in verschiedenen Größen. Für die Projekte in diesem Buch benötigen Sie die Größen 1,3 cm, 10 mm und 6 mm (die häufig im Set angeboten werden). Wendehilfen sind praktisch, um Arme, Beine und andere kleine Teile auf rechts zu drehen. Dieser Kauf ist jeden Cent wert.

7. Textilmarker/Markierstifte sind für gewöhnlich wasserlöslich, können aber auch eine Art Zaubertinte enthalten, die unsichtbar wird. Textilmarker sind hilfreich, um die Mitte, Faltmaße, Verbindungsstellen oder die Platzierungen von Ösen zu markieren.

8. Schneiderahlen werden verwendet, um Löcher in Gewebe zu stechen, in der Regel festes Leder, aber auch in mehrere Lagen Stoff. Die Ahle kommt beim *Abenteurer-Rucksack* (siehe Seite 32) zum Einsatz, es kann aber auch eine Ösenzange verwendet werden (ohne Abbildung).

9. Die Verwendung der richtigen **Nadeln** für Ihre Projekte gewährleistet bestmögliche Ergebnisse. Zum Schließen nach dem Füllen werden Standardnadeln verwendet. Perlnadeln sind praktisch, um Perlaugen an Puppen oder Kuscheltieren festzunähen, weil ihr kleines Öhr leichter durch die Löcher in den Perlen passt. Puppennadeln eignen sich gut, um Augen zu sticken und den Faden durch sehr dicke Stellen zu führen, weil sie länger als normale Nadeln und sehr widerstandsfähig sind. Da sie dicker als andere Nadeln sind, können sie große Löcher im Stoff hinterlassen. Setzen Sie sie also vorsichtig ein.

10. Eine **Wendehilfe aus Bambus** ist nützlich, um Ecken an den Projekten herauszudrücken. Wenn Sie Mittelpunkte oder eine Faltlinie markieren möchten, um Stoffe daran auszurichten, können Sie sie anstelle des Fingernagels oder eines Stifts einsetzen. Es ist ein äußerst günstiges und praktisches Werkzeug.

11. Klemmnadeln gehören zu meinem liebsten Zubehör. Sie leisten gute Dienste, wenn man Gummiband in Säumen oder Tunnel einziehen oder Stoffteile halten möchte, die für die Finger zu klein sind.

12. Stecknadeln gibt es in vielen Formen und Größen. Für die Projekte in diesem Buch habe ich einfache gerade Stecknadeln mit Glaskopf verwendet, die in verschließbaren Behältern erhältlich sind.

13. Nahttrenner kommen bei den unvermeidlichen kleinen Fehlern zum Einsatz. Ich habe gleich mehrere, weil sie so praktisch sind.

14. Haarlineale gibt es in vielen Formen, Größen und Längen. Für einige dieser Projekte brauchen Sie ein rechteckiges Haarlineal von mindestens 60 cm Länge. Bei anderen reicht ggf. ein kurzes Haarlineal. Wenn Sie mit dem längsten beginnen, können Sie sich später nach Bedarf kürzere Lineale zulegen, aber dies ist nicht gleich zu Beginn notwendig.

15. (Ohne Abbildung) Sofern Sie nicht alle Projekte von Hand nähen, brauchen Sie eine **einfache Nähmaschine** mit einem Standardfuß, auch wenn ein Zickzackfuß für die Wichtelstiefel praktisch ist. Ich gebe zu, dass ich eine Phobie vor Reißverschlüssen und Knopflöchern haben, daher versuche ich, bei meinen Mustern ohne diese Nähmaschinenfüße auszukommen.

16. (Ohne Abbildung) Es gibt verschiedene **Versiegelungslösungen** auf dem Markt, wie zum Beispiel der Fransenstopp Fray Check, die ihre Säume und Nähte während der Bearbeitung schützen. Befolgen Sie die Anleitung des Herstellers und machen Sie zunächst einen Test an einem kleinen Stück Ihres Stoffs, bevor Sie das Produkt an Ihrem fertigen Projekt einsetzen.

STOFFE

Fellimitate (A) haben ein flauschiges Gewebe auf einer Seite und einen weichen, anschmiegsamen Stoff, der an Wildleder erinnert, auf der anderen. Dieser Stoff wird für die Stiefel der Wichtel verwendet, eignet sich aber auch für die Eisbärenjungen und viele andere Projekte. Reinigen Sie Ihre Nähmaschine mit dem Staubsauger, wenn Sie fertig sind, damit die losen Fasern nicht Ihre Maschine zusetzen.

Quiltstoff (B) ist mein absoluter Lieblingsstoff. Ich verwende kaum etwas anderes. Es gibt wunderbare Drucke und einfarbige Stoffe, er wäscht sich gut und fühlt sich weich an. Wenn ich Puppen oder Stofftiere für Geschenke mache, wasche ich den Stoff mit Geweben ähnlicher Farbe mit Feinwaschmittel kalt vor.

Dünner Wattevlies (C) eignet sich beim Steppen am besten zwischen zwei Stofflagen. Bei Tragetaschen und dem *Puppenkorb* ziehe ich Naturfasern dem Polyestervlies vor, da man weniger steppen muss. Man kann auch Stoffreste zerkleinern und als Füllung verwenden.

Wattierte Stoffe (D) eignen sich hervorragend für Tragetaschen. Es gibt sie als einseitige Ausführung (eine Seite ist Stoff, die Rückseite wattiert) oder beidseitig (die Wattierung ist zwischen zwei Stofflagen gesteppt). Wenn Sie einen Lieblingsstoff haben, können sie ihn selbst wattieren. Umso mehr der Stoff gesteppt wird, umso steifer ist er, aber auch dieses Gewebe gibt ohne Verstärkung mit der Zeit nach.

Cord (E) ist ein Stoff mit Längsrippen, den ich für den *Abenteurer-Rucksack* (Seite 32) verwendet habe. Sie können für den Rucksack neue Stoffe kaufen, aber auch welche wiederverwenden, wie eine alte Cordhose. Verwerten Sie einen festen Stoff, zum Beispiel von einer abgetragenen Jeans, und aus dem Rucksack wird ein tolles Erinnerungsstück.

Musselin ist leichter als Quiltstoff. Er eignet sich gut, um ein Muster auszuprobieren, das man zum ersten Mal näht. Wenn Sie gerade erst nähen lernen oder ein Muster erstmals ausprobieren, ist Musselin eine kostengünstige Alternative, bevor Sie Ihren tollen (und teuren) Stoff zuschneiden.

Bei der **Füllung** hat jeder eigene Präferenzen, aber es gibt verschiedene Optionen. Polyesterfüllungen sind überall erhältlich und geben Spielzeugen Leichtigkeit. Die Preise sind sehr unterschiedlich; die günstigeren Varianten können klumpen, während die teureren Optionen sich seidig und weich anfühlen. Wenn Sie Naturfasern vorziehen, können Sie eine dichte Bambus-Füllung verwenden, die sich traditionell anfühlt. Da Bambus dicker ist, braucht er länger zum Trocknen als eine Polyesterfüllung.

Vliese (zur Verstärkung) gibt es in unterschiedlichen Dicken für verschiede Projektanforderungen. Sie bieten Steifigkeit und gute Haltbarkeit.

Transparentpapier ist ein Pauspapier, das sich gut eignet, um Musterteile zuzuschneiden, die aufbewahrt und wiederverwendet werden können. Es ist so dünn, dass man hindurch sehen kann, aber dick genug, um nicht leicht zu reißen. Das Papier gibt es auf großen Rollen oder Bögen.

Wolle benötigen Sie nur für die Haare der Wichtelpuppen und optionale Schals. Sie können jede beliebige Wolle verwenden, aber wenn Sie die Puppe waschen möchten oder sie waschbar sein soll, würde ich von echter Wolle abraten, da sie beim Waschen einläuft. Wenn Sie mehr Haare arbeiten möchten, würde ich eine dünnere oder reguläre Wolle verwenden, keine zu grobe.

Tipp Um beim Zuschnitt Zeit zu sparen, ziehen Sie die Musterschablonen auf Pauspapier nach. Legen Sie das Papier in Dehnungsrichtung auf den Stoff und heften Sie es in Position. Schneiden Sie die einzelnen Stoffteile und das Pauspapier gleichzeitig aus und entfernen Sie dann die Nadeln.

Stickgarn eignet sich am besten für die Augen von Stofftieren, die für Säuglinge oder Kleinkinder bestimmt sind. Sie können ein einfaches sechsfädiges Baumwollgarn oder ein reines Seidengarn verwenden, wenn es höherwertig sein soll.

Nicht alle **Nähgarne** sind gleich. Seien Sie gut zu Ihrer Nähmaschine und Ihren Projekten und verwenden Sie ein hochwertiges Garn. Ich nutze häufig ein Mehrzweckgarn, das zu 100% aus Polyester besteht. Bei helleren Stoffen bevorzuge ich weiß, steige bei dunkleren Farben bei Bedarf aber gern auf ein dunkles Garn um. Sie können Ihr Garn natürlich auch farblich auf die Stoffe abstimmen.

Grundtechniken und Stiche

Streifentechnik

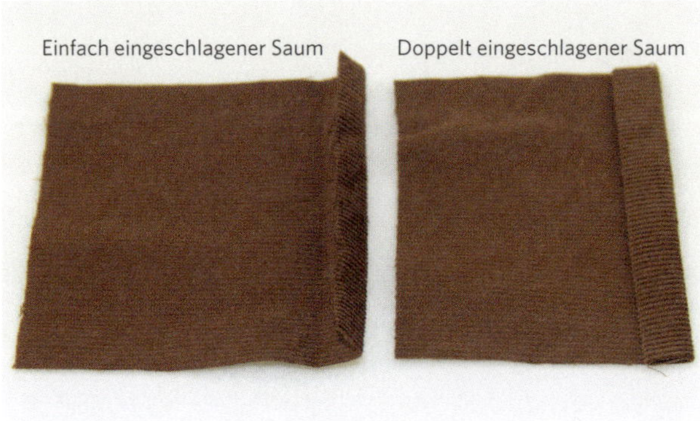

Säume

Ein **Rückstich** oder **Steppstich** verriegelt die Stiche am Anfang und Ende einer Naht, um sie zu sichern, so als würde man einen Knoten machen. ***Der Stich ist bei allen Arbeiten wichtig, die auf rechts gedreht werden.*** Wird die Naht nicht verriegelt, löst sie sich und die Stoffteile bleiben nicht so verbunden, wie sie sollen.

Ein **Saum- oder Knopflochstich** kann verwendet werden, um Stoffränder vor dem Ausfransen zu schützen oder als Zierstich beim Annähen der Flecken bei *Nepomuk, dem Schwertwal* (Seite 82). Beim Saumstich müssen Sie (siehe beschriftetes Foto unten) die Nadel mit dem Faden bei A ausstechen, bei B einstechen und bei C wieder ausstechen, wobei der Faden als Schlaufe unter der Nadel liegt, und dann den Faden durchziehen. Achten Sie auf die Abstände und darauf, die Stiche gleichmäßig anzuziehen, damit sich ein sauberes und einheitliches Bild ergibt.

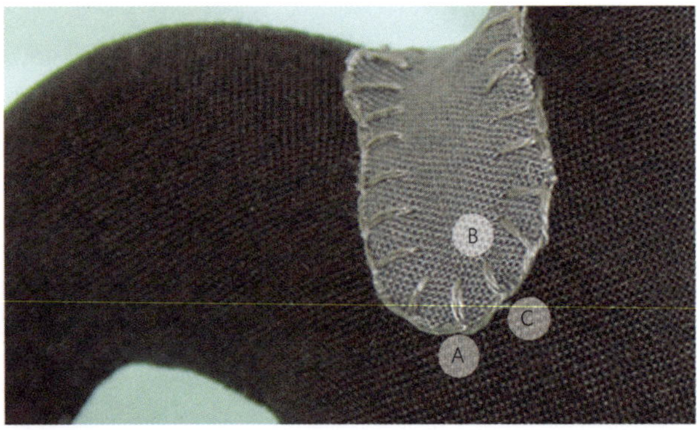

Saumstich

Der **Steppstich** wird entlang einer gefalteten Nahtkante zur Dekoration gesetzt oder um mehrere Stofflagen zu verbinden. Er kann 3 mm oder 1,3 cm von der Faltkante entfernt sein, je nach den Anforderungen des Musters oder dem Erscheinungsbild, das erzielt werden soll.

Bei der **Streifentechnik** wird von einem Stoffstück durchgängig auf das nächste genäht. Anstatt anzuhalten und den Fuß der Nähmaschine anzuheben, näht man über das gesamte Teil und gleich auf dem nächsten Teil weiter. Die Teile sind lose miteinander verbunden, bis sie getrennt werden. Wenn die Teile auf rechts gedreht werden sollen, muss am Anfang und Ende jeder Einheit ein Rückstich gesetzt werden.

Ein **einfach eingeschlagener Saum** ist eine Schnittkante, die einmal umgeschlagen wird, sodass die linken Seiten aufeinanderliegen. Auch wenn die Schnittkante nach innen zeigt und genäht wurde, ist sie immer noch sichtbar. Diese Saumtechnik wird verwendet, wenn die Gewebekante bekettelt wurde oder später versteckt ist, wie am oberen Rand der *Handarbeitstasche* (Seite 99).

Ein **doppelt eingeschlagener Saum** ist eine Schnittkante, die zweimal umgeschlagen wird: einmal wie beim einfach eingeschlagenen Saum und dann noch einmal, sodass die Schnittkante nicht mehr zu sehen ist und entlang des Saums eine obere und untere Kante entsteht. Verwenden Sie einen doppelten Saum, wenn die Schnittkante vor dem Ausfransen geschützt werden muss. Die Taschen des *Abenteurer-Rucksacks* werden mit doppeltem Saum gearbeitet, um sie zu schützen. Der doppelte Saum verleiht den Seitennähten Volumen.

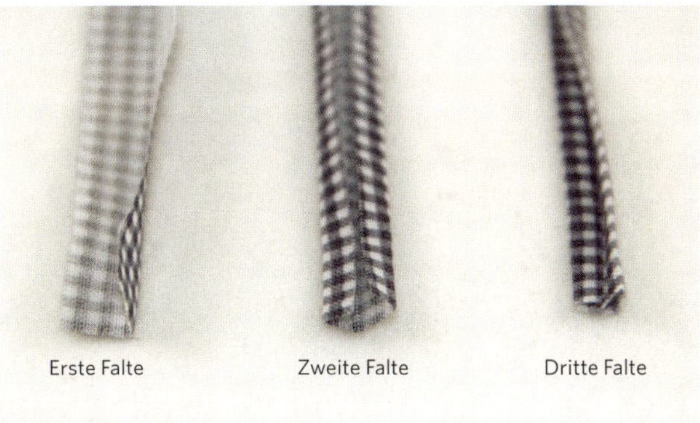

Faltfolge für das Einfassband

Eingeschnittene und eingekerbte Rundformen und Ecken.

Y-Nähte sind nicht so schwierig, wie sie klingen. Wichtig ist nur, dass man den Stich nicht an der Ecke ansetzt, die senkrecht zur Naht liegt, sondern 6 mm oder 1,3 cm - die Breite der Nahtzugabe - von dieser Ecke entfernt. Dieses Verfahren wird beim *Abenteurer-Rucksack* (Seite 32) und beim Korb von *Mimi, dem Heißluftballon* (Seite 85) eingesetzt.

Für die Latzhosen der Wichtel und den *Abenteurer-Rucksack* müssen Sie ein **Einfassband** nähen. Die Schritte sind wie folgt: (1) Falten Sie den Stoff der Länge nach mittig und bügeln Sie ihn mit den linken Seiten aufeinander. (2) Schlagen Sie den Streifen auf und dann jede Seite so zur Mitte ein, dass sich die Schnittkanten in der Mitte treffen. Leicht bügeln. (3) Falten Sie den Streifen erneut auf die Hälfte (entlang der ersten Mittellinie) und bügeln Sie ihn ein letztes Mal. (4) Steppen Sie die beiden Falten zusammen.

Wird der Stoff nicht eingeschnitten und gekerbt, sehen die Ecken unsauber und unförmig aus.

Das **Einschneiden und Einkerben von runden Formen und Ecken** ist zeitaufwändig, aber sehr wichtig, damit Ihr Stoff entlang der Nähkanten nicht zu straff wird und nach dem Ausstopfen unförmig wirkt. Nach dem Einschneiden und -kerben sieht das Teil gefüllt entlang der Kanten glatter aus.

Konvexe Formen erfordern 6 mm tiefe gerade Einschnitte in die Nahtzugabe entlang der Kante, konkave Formen kleine dreieckige Einkerbungen entlang der äußeren Kante. Beim Einschneiden und -kerben muss man ein feines Gleichgewicht zwischen dem Beschneiden der Nahtzugabe und der Nähe zur Naht finden, damit der Stoff nach dem Ausstopfen unter Belastung nicht reißt. Gehen Sie vorsichtig vor und lassen Sie etwas Abstand zur Naht, mindestens drei bis vier Faden breit.

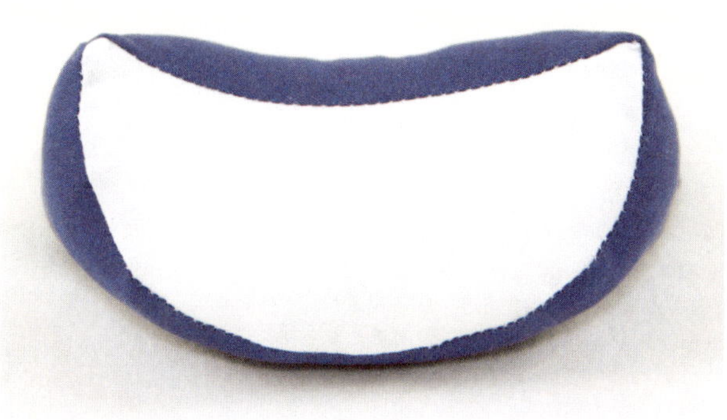

Rundnähte liegen schöner und glatter, wenn sie zuvor eingeschnitten und gekerbt werden.

Zaubernaht

Messerfalten

Kellerfalten

Fussy cut (in etwa „genauer Zuschnitt") bedeutet, dass beim Zuschneiden der einzelnen Teile immer der gleiche Motivausschnitt verwendet wird. Durch diese Art des Zuschnitts kann der Wiederholungseffekt eines Musters maximiert und nur ein bestimmtes Motiv im Stoffmuster verwendet werden. Sie müssen beachten, dass Sie je nach Größe des Musterrapports mehr Stoff verbrauchen als das Muster eigentlich verlangt.

Der **Leiterstich** (Zaubernaht) ist der mit der Hand genähte Stich, den ich meistens verwende, um Projekte nach dem Füllen zu schließen. Er sieht wie eine Leiter aus, da man die Nadel auf einer Seite quer zur Naht einsteckt, sie über die Öffnung führt und auf der anderen Seite in der gleichen Richtung seitlich aussticht. (Machen Sie einen Knoten in den Faden, bevor Sie beginnen). Dieser Stich wird über die gesamte Öffnung fortgesetzt, wobei der Faden vorsichtig angezogen wird, um sie zu schließen. Verknoten Sie das Ende und stecken Sie die Nadel mit dem Endfaden durch den Stoff und an einer beliebigen Stelle wieder aus. Schneiden Sie den Rest ab. Wenn Sie den Faden nahe des Knotens abschneiden, ist es wahrscheinlicher, dass sich Faden und Naht lösen. Die Nadel und der Faden sollten mindestens 2,5 cm von der Nahtkante entfernt verstochen werden, um dies zu verhindern.

Messerfalten sind Stofffalten, die alle in die gleiche Richtung zeigen und wie Messerklingen aussehen, wenn sie sich aufstellen. In der Regel haben sie alle die gleiche Länge und ein Stoffverhältnis von 3:1 – d.h. 7,5 cm Stoff ergeben je eine 2,5-cm-Falte.

Kellerfalten sind eine Reihe von Falten im Stoff, die kastenförmig wirken, wenn sie auseinander gezogen werden. Sie haben ebenfalls ein Stoffverhältnis von 3:1, unterscheiden sich aber dahingehend, dass die Falte oben 2,5 cm misst. Die Seiten messen nur 1,3 cm und treffen sich mittig unter dem 2,5 cm breiten Oberteil.

ABSCHLUSS EINES QUILTS MIT EINFACHEM ROLLSAUM

Eine einfache Decke oder einen Quilt kann man auf verschiedene Weise abschließen. Die schnellste Methode besteht darin, einfach die beiden Seiten mit rechts aufeinander zusammenzunähen, das Teil auf rechts zu drehen und rundherum zu steppen. Sie können den Quilt auch mit einem Band einfassen, das Sie vorher genäht oder fertig gekauft haben, was mehr Zeit in Anspruch nimmt. Ein einfacher Rollsaum sieht schöner aus als der Steppstich und bedeutet weniger Aufwand als das Einfassen, sieht auf der Vorderseite aber genauso aus wie eine Einfassung.

Sie können die einfache Rollsaummethode bei der Decke des *Puppenkorbs* (Seite 94) einsetzen.

1. Legen Sie den Quilt mit der rechten Seite nach unten auf den Tisch. Legen Sie die Wattierung darauf und breiten Sie die Oberseite des Quilts mit der rechten Seite nach oben darüber aus. Die Rückseite des Quilts sollte auf allen Seiten mindestens 1,3 cm bis 1,6 cm überstehen, wenn Sie keine Einfassung verwenden (ohne Abbildung).

Schlagen Sie alle Ecken der Rückseite diagonal bis zur Ecke der Oberseite um.

2. Schlagen Sie jede Ecke der Rückseite erneut um und heften Sie sie fest.

3. Schlagen Sie die Seitenkanten so um, dass die Schnittkante der Rückseite auf die Schnittkanten der Wattierung und der Oberseite trifft.

4. Schlagen Sie die Seitenkanten erneut um, über die Quilt-Oberseite, und heften Sie sie fest.

5. Steppen Sie entlang der innen liegenden Falte um die gesamte Decke herum.

PERLAUGEN ANNÄHEN

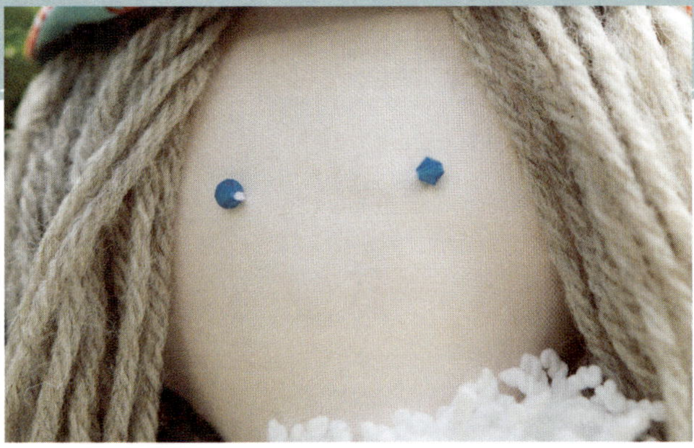

Ein Sprichwort behauptet, dass „die Augen der Spiegel der Seele sind". Wenn Ihre Puppen oder Stofftiere Augen brauchen, sollten Sie diese sorgfältig auswählen. Ich nehme gern 4 mm große bikonische Kristallperlen für die Wichtelaugen, damit sie tagsüber funkeln und im Dunkeln glänzen.

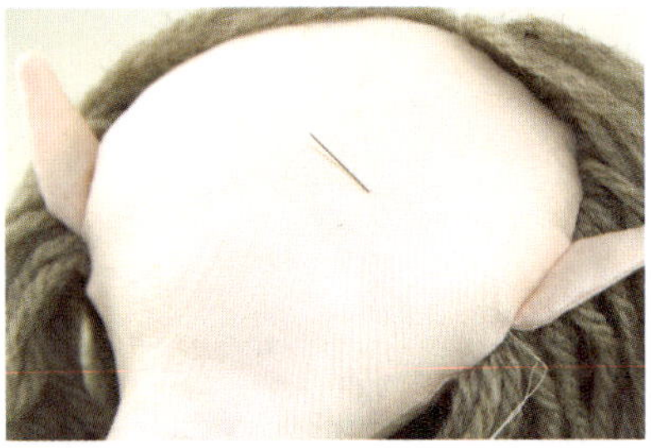

1. Markieren Sie die Stellen, an denen die Augen sitzen sollen, mit einem auswaschbaren oder wasserlöslichen Textilmarker. Fädeln Sie eine Perlnadel ein, machen Sie einen Knoten in den Faden und führen Sie die Nadel durch die Seitennaht des Kopfs unterhalb des Ohrs zur ersten Markierung.

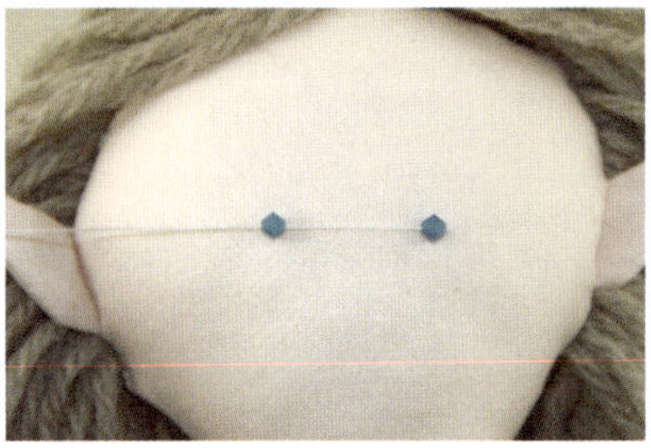

2. Geben Sie zwei Perlen auf den Faden und die Nadel, um zu überprüfen, ob es die Farben sind, die Sie möchten und Sie die richtige Stelle haben.

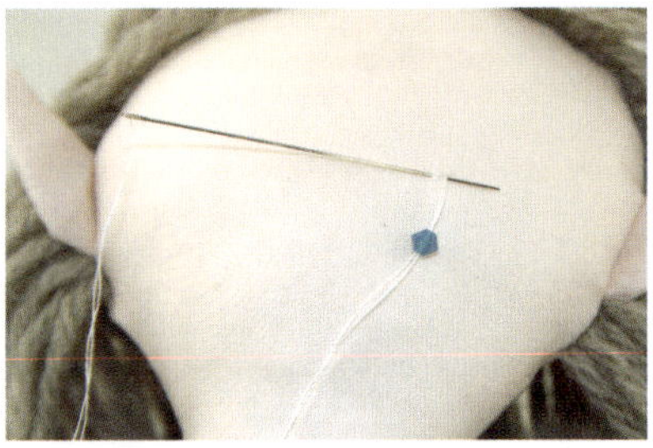

3. Nehmen Sie eine Perle vom Faden und stechen Sie die Nadel höchstens 3 mm von der Austrittsstelle des Fadens ein.

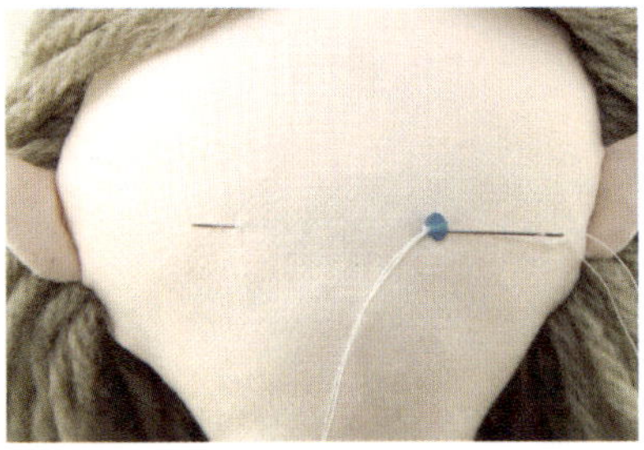

4. Ziehen Sie den Faden noch mindestens dreimal in der gleichen Richtung durch die Perle und den Stoff. Nach dem dritten Durchgang stechen Sie die Nadel unter dem ersten Auge ein und führen sie durch die zweite Markierung wieder hinaus.

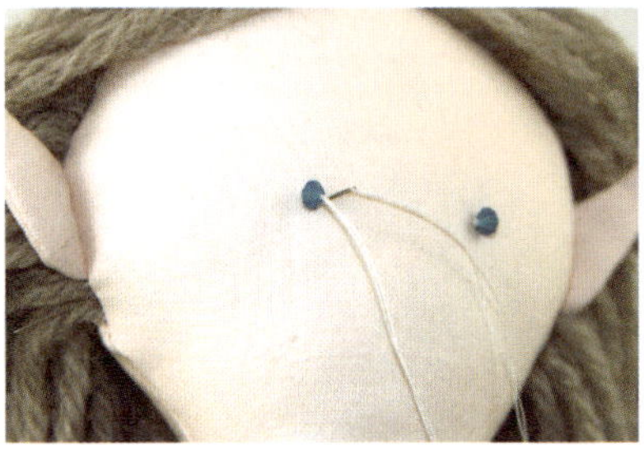

5. Führen Sie die Nadel mit dem Faden auf dieser Seite mindestens dreimal durch die Perle und den Stoff (wiederholen Sie Schritt 4).

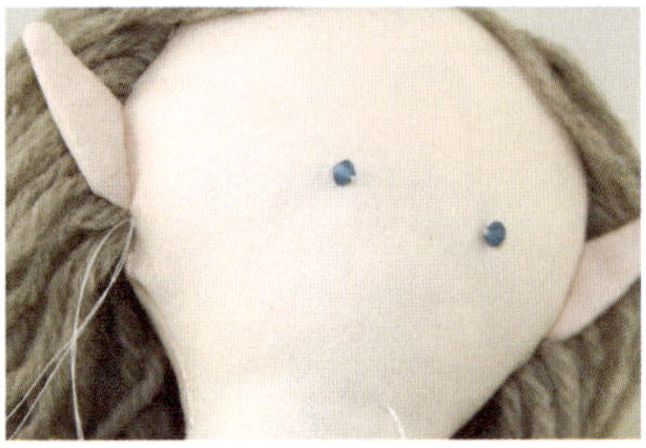

6. Anschließend stechen Sie die Nadel unter dem Auge in den Stoff ein und führen sie durch die andere Seitennaht auf der gegenüberliegenden Seite der Einstichstelle aus. Verknoten Sie den Faden sicher und führen Sie die Nadel durch den Stoff zum Nacken hinaus. Schneiden Sie dann den Endfaden ab.

AUGEN STICKEN

Wenn Sie überlegen, welche Art von Augen Sie verwenden, sollten Sie an die Sicherheit und Einfachheit denken. Knötchenstich-Augen eignen sich ideal für Teile, die für Kleinkinder gedacht sind, da von ihnen keine Erstickungsgefahr ausgeht.

Sie brauchen dazu etwa 30 cm eines herkömmlichen sechsfädigen Sticktwists pro Puppe oder Stofftier.

1. Stecken Sie eine eingefädelte Puppennadel auf einer Seite in den Kopf. Achten Sie darauf, dass die Nadel waagrecht und senkrecht plan ist, wenn Sie sie auf der anderen Seite ausstechen.

2. Ziehen Sie die Nadel durch, lassen Sie ein Stück Garn hängen und führen Sie die Nadel erneut durch den Kopf.

3. Schneiden Sie das Garn auf der Seite mit der Schlaufe durch, sodass Sie beiderseits zwei getrennte Fäden haben. Machen Sie auf beiden Seiten einen Knoten und ziehen Sie dabei den Faden jedes Mal ein wenig fester an.

4. Halten Sie auf einer Seite beide Enden zusammen und verknoten Sie sie erneut. Bevor Sie den Knoten anziehen, greifen Sie den bereits vorhandenen Knoten und führen den Faden unter diesem Knoten durch. Machen Sie dies mehrere Male und wiederholen Sie den Vorgang auf der anderen Seite.

5. Ziehen Sie den Faden mithilfe der Puppennadel durch die Augen und auf der anderen Seite des Kopfs heraus. Dies gewährleistet, dass sich die Augen nicht mit der Zeit lösen.

6. Schneiden Sie vorsichtig die Enden ab, ohne den Stoff zu beschädigen.

1

Im Wald

Auch wenn ich kein kleines Mädchen mit Rattenschwänzchen mehr bin, glaube ich trotzdem immer noch, dass es diese niedlichen Wichtel irgendwo in einer verzauberten Welt weit weg von unserer gibt. Meine Töchter glauben auch daran. Und Sie?

Die Wichtel: Jorinde & Ronja

Tief in den fränkischen Tälern wachsen Eichen und Hainbuchen und tauchen den Talgrund mit ihren ausschweifenden Kronen in Schatten. Die Wanderer, die durch den Wald streifen, scheinen die kleinen Wichtel nicht zu bemerken, die entlang der Wege im Wurzelwerk der Bäume leben. Wenn Sie jedoch genau hinschauen, entdecken Sie womöglich diese beiden hier.

Jorinde zeichnet für ihr Leben gern und geht ohne ihre Kladde und Stifte nirgendwo hin. Sie zeichnet Bilder ihrer Freunde und Familie und viele Tiere und manchmal entwirft sie neue Häuser für die Wichtel. Sie versorgt außerdem alle Haustiere und pflegt sie wieder gesund, wenn sie krank sind. Ihre kleine Schwester Ronja kichert viel und umarmt ständig alle. Sie liebkost die Babys, liest ihnen gern Geschichten vor und singt Schlaflieder für sie. Sie spielt außerdem gern mit ihren Puppen und macht ihnen winzige Decken und Häuser aus Blättern und Zweigen.

Die freundlichen kleinen Wichtelschwestern werden bei Ihnen zu Hause viele lustige Abenteuer erleben. Ihre Cousins Paulchen und Merlin (zusammen auf Seite 32 abgebildet) werden nach der gleichen Anleitung mit Latzhosen und einer anderen Frisur gearbeitet.

FERTIGE HÖHE: 35,5 cm ohne Hut

SIE BRAUCHEN

Schablonen (Seiten 112–113) • Stoff für 1 Puppe: 3 farblich passende Fat Quarter (Stoffstücke, ca. 55 cm × 50 cm) für den Körper, Hut, die Schürze oder die Latzhose, 1 hautfarbener Fat Quarter; Fellimitat für die Stiefel (1 Fat Quarter pro Paar) • Füllung • Wolle für die Haare und optional für den Schal • 4 mm große bikonische Kristallperlen oder Stickgarn für die Augen • Häkelnadel in der passenden Größe für die gewählte Wolle (für den optionalen Schal) • Nähgarn • Einfaches Nähwerkzeug (Seiten 8–10)

ANLEITUNG

Schneiden Sie alle Teile des Musters für die Wichtel mithilfe der mitgelieferten Schablonen aus. Die Wichtelpuppen werden in zwei Hauptteilen gearbeitet: der Vorder- und der Rückseite.

VORDERSEITE DER PUPPE

1. Für die Vorderseite der Wichtelpuppe nehmen Sie 1 Kopfteil, 1 Brustteil, 2 Arme, 2 Hände, den vorderen Unterkörper/Beinteil und (optional) die Schürze zur Hand.

2. Legen Sie das Kopfteil mit der rechten Seite nach unten auf das Brustteil (das mit rechts oben liegt). Nähen Sie die beiden Teile an der flachen Kante des Kopfs und der oberen Kante der Brust zusammen.

3. Schlagen Sie die genähten Teile auf und legen sie flach hin, mit rechts oben.

HINWEIS: Wenn Sie die Schürze weglassen, überspringen Sie die Schritte 4–9.

4. Für die Schürze schlagen Sie auf beiden Seiten des Stoffs einen doppeltem Saum um, jeweils ca. 3 mm. Steppen Sie dann die winzigen Saumkanten.

5. Schlagen Sie die untere Kante genauso wie in Schritt 4 um und steppen Sie die winzige doppelte Saumkante.

6. Ziehen Sie einen Faden (auf Wunsch in Kontrastfarbe) entlang der oberen Schnittkante der Schürze, um den Stoff nach dem Heften gleichmäßig zu raffen.

7. Legen Sie die Schürze mit der rechten Seite nach oben auf das Brustteil und richten Sie die Schnittkante der Schürze an der unteren Schnittkante des Brustteils aus. Lassen Sie 6 mm auf jeder Seite des Brustteils, um später den Körper zuzunähen. Heften Sie beide Seiten fest.

8. Heften Sie die Mitte der Schürze in der Mitte des Brustteils fest.

9. Ziehen Sie den Raff-Faden an und heften Sie die Schürze zwischen den ersten drei Stecknadeln in Position. Entfernen Sie den Faden zum Raffen noch nicht.

10. Legen Sie den vorderen Unterkörper/Beinteil mit der rechten Seite nach unten auf die Schürze, sodass die obere Schnittkante des Unterkörpers/Beinteils auf der unteren Kante des Brustteils/der Schürze liegt. Heften Sie neu, um die drei Teile zu verbinden.

11. Nähen Sie gerade über diese Kante und entfernen Sie die Stecknadeln und den Raff-Faden.

12. Schlagen Sie die Teile auf, sodass sie mit der rechten Seite nach oben flach liegen.

13. Legen Sie ein Armteil mit rechts nach unten auf das Brustteil. Zentrieren Sie das Ende des Arms seitlich am Brustteil, sodass Raum für die Nahtzugabe am Hals und in der Achselhöhle bleibt. In Position heften.

14. Heften Sie den anderen Arm auf der anderen Seite des Brustteils fest und nähen Sie beide Arme an.

15. Nähen Sie jetzt die Hände am Ende der Arme fest. Legen Sie die Hände mit rechts nach unten und dem Daumen nach oben zeigend hin. Heften und nähen Sie jede Hand. Legen Sie die Vorderseite der Puppe beiseite.

RÜCKSEITE DER PUPPE

1. Für die Rückseite der Puppe benötigen Sie das verbleibende Kopfteil, den oberen Rücken, 2 Arme, 2 Hände und die beiden Teile des unteren Rückens/Beinteile.

2. Legen Sie die beiden Teile des Unterkörpers/Beinteile mit rechts aufeinander und richten Sie sie aus.

3. Nähen Sie nur 2,5 cm der mittleren Naht oben. Nähen Sie dann 2,5 cm der mittleren Naht am unteren Rücken (nicht am Bein-Ende). Die Öffnung dazwischen wird zum Wenden und Füllen nicht verschlossen.

4. Sie sollten das Dreieck (Abnäher) bereits aus der Außenkante der Beine geschnitten haben. Wenn nicht, schneiden Sie es jetzt aus. Verwenden Sie die Schablone, um sicherzustellen, dass Sie den Abnäher an der richtigen Stelle ausschneiden.

5. Legen Sie das Kopfteil mit der rechten Seite nach unten auf den oberen Rücken (der mit rechts nach oben zeigt). Nähen Sie die Teile an der flachen Kante des Kopfs und der Oberkante des Rückens zusammen, wie in Schritt 2 der Vorderseite der Puppe gezeigt.

6. Schlagen Sie die genähten Teile auf und legen Sie sie mit der rechten Seite nach oben flach hin.

7. Legen Sie das hintere Beinteil mit der rechten Seite nach unten so hin, dass die obere Schnittkante des Beinteils auf der Unterkante des oberen Rückenteils liegt. Zusammennähen.

8. Wiederholen Sie die Schritte 12–15 der Vorderseite, um die Rückseiten der Arme und Hände am oberen Rücken und an den Beinteilen der Puppe festzunähen.

9. Falten Sie die Beinabnäher nacheinander so, dass die Außenkante in einer Linie liegt und die rechten Seiten zueinander zeigen. Nähen Sie den Abnäher zu. Auf der anderen Seite wiederholen. Das vordere Beinteil hat jetzt die gleiche Länge wie das hintere Beinteil.

ZUSAMMENFÜGEN DER PUPPE

1. Legen Sie zwei Ohrteile mit rechts aufeinander und nähen Sie von einer Ecke bis zur Spitze und auf der anderen Seite hinunter bis zur gegenüberliegenden Ecke. Machen Sie am Anfang und Ende einen Rückstich. Lassen Sie die gerade Kante offen, um das Teil auf rechts zu drehen. Schneiden Sie die Nahtzugabe ein. Drehen Sie das Ohr mit einer Wendehilfe auf rechts. Wiederholen Sie diesen Schritt für das andere Ohr.

2. Stecken Sie die Ohren mithilfe der Vorgaben auf den Schablonen fest.

3. Nehmen Sie das Rückenteil der Puppe und legen Sie es mit rechts nach unten auf das Vorderteil.

4. Heften Sie den Körper zusammen. Richten Sie dabei die Nähte, Enden und Achseln aus.

5. Nähen Sie von einem Knöchel an der Außenkante die Außenseite des Beins entlang, um den Arm und die Hand herum bis zum Hals. Nähen Sie nur einen kleinen Teil des Kopfs (ca. 2,5 cm) zu. Achten Sie darauf, bei diesem Schritt die Schürze nicht in der Naht einzunähen.

6. Wiederholen Sie Schritt 5 auf der anderen Seite des Körpers.

7. Nähen Sie das innere Bein von der Innenseite des Knöchels über die Mitte und das andere Bein bis zum gegenüberliegenden Knöchel.

8. Nähen Sie jeden Fuß, indem Sie die beiden Teile mit rechts aufeinanderlegen und zusammennähen. Lassen Sie die gerade Kante zum Wenden offen und machen Sie am Anfang und Ende je einen Rückstich. Schneiden und kerben Sie die Kanten ein und drehen Sie das Teil mit einer Wendehilfe auf rechts.

9. Um die Füße an den Knöcheln der Puppe zu befestigen, legen Sie den Körper der Puppe mit dem Gesicht nach oben. Stecken Sie die Füße mit den nach oben zeigenden Zehen voran in die Beinlöcher. Die Nähte am Fuß richten sich an der Mitte der Knöchel aus, so wie die Mitte des Fußes sich an den Nähten am Knöchel ausrichtet. Die Füße werden zuletzt angenäht, sodass sie nach vorn und nicht zur Seite zeigen.

10. Heften Sie die Nähte und Markierungen in der Mitte in Position und nähen Sie vorsichtig mit der Hand (oder der Maschine, wenn Sie dies vorziehen) um den gesamten Knöchel herum.

Tipp Wenn Sie möchten, dass die Füße zur Seite zeigen, nähen Sie die Füße nach Schritt 2 der Anleitung zum Zusammensetzen der Puppe an den Knöcheln an, bevor Sie die Vorder- und Rückenseiten der Puppe zusammenstecken.

FÜR LANGES HAAR

1. Zur Vorbereitung der Wollhaare legen Sie zunächst die gewünschte Haarlänge der Puppe fest und addieren 5 cm. (Sie müssen das Haar später zurechtschneiden und so vermeiden Sie, dass es zu kurz wird.) Sie können die Wolle einfach um ein glattes Lineal oder Brett wickeln. Schneiden Sie entlang der oberen und unteren Kante, damit alle Strähnen in etwa die gleiche Länge haben und in einer Lage nebeneinander liegen.

2. Legen Sie die Puppe mit dem Rücken nach oben. Schlagen Sie das hintere Kopfteil zurück, um das Gesicht oder die Vorderseite des Kopfs (mit den angehefteten Ohren) freizulegen.

3. Fangen Sie an, das Haar auf der Vorderseite des Gesichts oberhalb der Ohren so anzuordnen, wie es später an der fertigen Puppe aussehen soll. (Die erste Lage Haar umspielt später das Gesicht; die zweite fällt über den Hinterkopf.) Legen Sie die Strähnen nebeneinander, mit den Enden gegen die Schnittkante des Stoffs. Die Strähnen liegen für den Moment über dem Gesicht.

4. Wenn Sie die Strähnen angeordnet haben, die später das Gesicht umspielen, legen Sie die zweite Lage Haar aus, das den Hinterkopf bedecken wird. Die hinteren Haarsträhnen sollten die Ohren bedecken und bis kurz unter das Ohr reichen.

5. Legen Sie die Strähnen so, dass alle Gruppen überlappen, anstatt zu versuchen, sie nach unten zu biegen, damit sie besser halten. Wenn Sie volleres Haar haben möchten, machen Sie eine dritte Lage.

Tipp Bedenken Sie, dass das gesamte Haar auf dem Stoff bleiben und nach innen angenäht werden muss. Es muss am Schluss durch den Hals und den Rücken nach außen gezogen werden, wenn auf rechts gedreht wird. Wenn Sie zu viel schichten oder die Wolle zu dick ist, passt das Haar nicht durch die Halsöffnung.

6. Wenn alle Haare an der richtigen Stelle sind, halten Sie die Enden möglichst gut oben auf dem Kopf fest, damit sie nicht verrutschen.

7. Drehen Sie die langen Haarsträhnen vorsichtig und sanft mit der anderen Hand, während Sie den Druck auf die oberen Enden aufrechterhalten.

8. Wenn Sie die gesamte Wolle bis zum Ende des „Pferdeschwanzes" eingedreht haben, stecken Sie den Pferdeschwanz in die Halshöhle.

9. Wenn das gesamte Haar hineingesteckt ist, nehmen Sie Ihre Hand vorsichtig vom Kopf und bedecken das Haar mit der Rückseite des Kopfteils, ohne dass die Strähnen verrutschen.

10. Heften Sie vorsichtig um den ganzen Kopf herum. Das gesamte Haar sollte sich jetzt in einem mit Nadeln gehefteten Kopfbeutel befinden, wobei nur ein kleiner Teil der Strähnen hervorschaut.

11. Nähen Sie von einer Halsseite vollständig um den Kopf herum bis zur anderen Halsseite. Achten Sie darauf, in diesem Schritt nicht die Spitze der Ohren in der Naht einzunähen.

12. Nähen Sie für zusätzlichen Halt noch einmal um den Kopf herum, um zu vermeiden, dass beim Wenden auf rechts (und beim späteren Spielen) Haare herausgezogen werden.

13. Schneiden und kerben Sie die Nahtzugabe entlang der Kurven zwischen den Daumen und Fingern, in den Achselhöhlen und zwischen den Beinen ein. Achten Sie darauf, die Nähte nicht einzuschneiden und nicht zu dicht an sie heranzukommen.

14. Bevor Sie das Haar und den Kopf auf rechts drehen, prüfen Sie die Nähte in den Achselhöhlen und am Hals, um sicherzustellen, dass alle Teile gründlich eingenäht sind und die Schürze nicht in die Seitennähte eingenäht wurde.

15. Beginnen Sie, die Puppe über die Öffnung am Rücken auf rechts zu drehen. Fangen Sie mit dem Haar an.

Tipp Wenn Sie Mühe haben, die Haarsträhnen durchzuholen, nehmen Sie eine Häkelnadel zu Hilfe. Die Öffnung ist eng, also nehmen Sie sich Zeit.

16. Ziehen Sie die Haarenden vorsichtig durch den Hals am Rücken heraus. Fahren Sie fort, bis alle Haarenden durchgezogen sind.

17. Vor dem Ausstopfen sollten Sie die Ohren und Haare überprüfen, um sicherzustellen, dass alles ordentlich eingenäht wurde und die Spitzen der Ohren nicht versehentlich in der Kopfnaht eingenäht wurden.

18. Ziehen Sie die restlichen Haare und dann den Kopf und Oberkörper durch.

19. Drehen Sie mit einer Wendehilfe den Daumen auf rechts, gefolgt von den Händen und Füßen.

20. Füllen Sie vorsichtig die Füße, Beine, Daumen, Hände und Arme, bis sie die gewünschte Steifigkeit haben. Stopfen Sie den Kopf und zum Schluss den Körper aus. Wenn die Puppe eine ausreichende Füllung hat, schließen Sie den Rücken mit einer Zaubernaht (siehe Seite 14).

21. Glätten Sie zunächst alle Haarsträhnen, bevor Sie sie zurechtschneiden. Am besten schneiden Sie in kleinen Schritten, da Sie bei Bedarf noch mehr abnehmen können, es aber nicht mehr rückgängig zu machen ist, wenn Sie zuviel abschneiden. Die Haare am Hinterkopf sind kürzer als an den Seiten, also schneiden Sie zunächst die Seiten und dann die Haare am Hinterkopf, wenn nötig. Sie können auch einen geraden oder schrägen Pony schneiden, wie Jorinde es hat.

FÜR KURZES HAAR

1. Kürzeres Wollhaar wird genauso vorbereitet wie längeres, siehe Schritt 1 in der Anleitung für langes Haar. Schneiden Sie kürzere Stücke von ca. 7,5 cm Länge zu.

2. Legen Sie die Puppe so, dass die Vorderseite nach oben zeigt (im Gegensatz zur Anleitung für langes Haar). Schlagen Sie das vordere Kopfteil nach unten, um die Rückseite des Kopfs freizulegen.

3. Nehmen Sie ein Stück Wolle und legen Sie die Strähnen auf der Kopfrückseite mittig aus. Nähen Sie das Haar in der Stoffmitte mit einer geraden Naht fest.

4. Schlagen Sie das Haar nach einer Seite um, platzieren Sie ein weiteres Haarsegment und nähen Sie es auf einer leicht schrägen Linie an. Diese sollte etwa 1,3 cm bis 1,9 cm von der Mitte entfernt sein.

5. Schlagen Sie das Haar der zweiten Reihe erneut zur anderen Seite um, platzieren Sie ein drittes Haarsegment und nähen Sie es fest. Dies sollte wiederum 1,3 cm bis 1,9 cm von der zweiten Stichreihe entfernt sein.

6. Nachdem Sie das dritte Segment angenäht haben, legen Sie das gesamte Haar um, sodass die kahle Hälfte freiliegt. Befestigen Sie zwei Haarsegmente passend zur anderen Hälfte.

7. Die Kopfrückseite sollte von innen so aussehen, als breiteten sich die Linien nach oben fächerartig aus und liefen nach unten spitz zu.

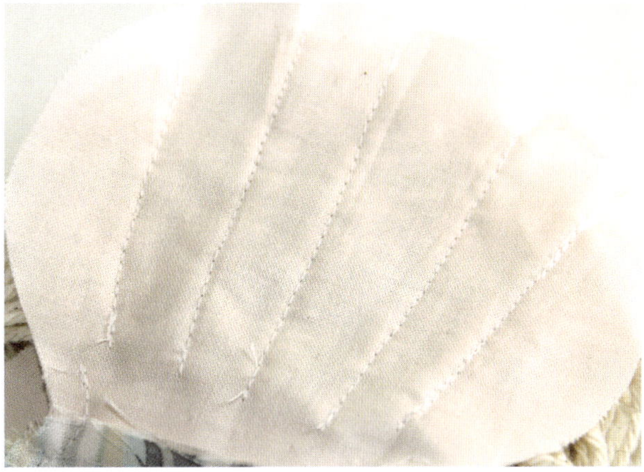

8. Drehen Sie die Puppe auf das Gesicht und schlagen Sie den Kopf zurück, um das Gesicht freizulegen. Legen Sie eine Lage Haar auf die Vorderseite des Gesichts, die von kurz unterhalb des Ohres über den Kopf bis unter das andere Ohr reicht.

9. Schließen Sie den Kopf genauso, wie in der Anleitung für langes Haar in den Schritten 9–10 beschrieben. Achten Sie darauf, alle kurzen Haarenden zur Kopfmitte oder in die Halsöffnung zu führen. Umso mehr Haar Sie anbringen, umso schwieriger wird das Wenden auf rechts (und die Mütze sitzt auch eng).

10. Schließen Sie die Puppe nach dem gleichen Prozess ab, der in der Anleitung für langes Haar in den Schritten 11–21 beschrieben wird. Schneiden Sie das Haar entsprechend zurecht.

AUGEN

Folgen Sie der Anleitung auf Seite 16, um der Puppe Perlaugen zu nähen. Ist die Puppe für ein Kleinkind gedacht, sollten Sie stattdessen Stickgarn für die Augen verwenden (Seite 17), um die Erstickungsgefahr auszuschließen.

WENDESTIEFEL

2 Stück pro Puppe

1. Beim Nähen der Stiefel schneiden Sie nicht zuerst den Stoff. Wenn Sie den ersten Anschnitt des Ballens gekauft haben, ist die Kante für den oberen Stiefelrand bereits genäht. Wenn nicht, müssen Sie die obere Kante zunächst vorbereiten. (Zur Vorbereitung des oberen Rands: Schneiden Sie einen langen Fellstreifen zu, ca. 15 cm × 61 cm. Legen Sie das Fell mit dem Gesicht nach unten und der glatten Seite nach oben und schlagen Sie entlang der oberen Kante einen 10 mm breiten einfachen Saum um, sodass das Fell sich über die obere Kante zieht. Steppen Sie darüber. Die Naht kann gerade, eine Ziernaht oder handgenäht sein.)

2. Falten Sie das lange Teil der Länge nach auf die Hälfte, mit den Fellseiten aufeinander, und heften Sie es fest. (Wenn Sie mit kleineren Teilen arbeiten, stecken Sie zwei Teile mit den Fellseiten aneinander fest.)

3. Legen Sie die Schablone darauf und richten Sie diese oben bündig an der Faltkante aus. Ziehen Sie die Schablone mit einem Textilmarker auf dem Stoffteil nach.

4. Nähen Sie mit 6 mm langen Stickstichen auf der Innenseite um den Umriss herum.

5. Schneiden Sie die Stiefelform 6 mm von der Naht entfernt entlang des markierten Umrisses aus und achten Sie darauf, die Nähte nicht anzuschneiden.

6. Reiben und flauschen Sie die Stiefelkante kräftig (über einem Mülleimer), um den Rand weicher zu machen und mögliche lose Fellfasern zu lösen. Die Stiefel können mit der Wildlederseite nach außen getragen werden (wie abgebildet) oder mit der Fellseite, wobei die Naht dann versteckt ist.

WENDEHUT

1. Legen Sie die zwei Hutteile mit rechts aufeinander und nähen Sie die lange gebogene Kante von einer Seite bis zur anderen zu. Kerben Sie die Nahtzugabe entlang der Rundnaht.

2. Schlagen Sie die beiden Teile auf und heften Sie die genähten Enden zusammen.

3. Nähen Sie eine Hutseite ab 2,5 cm oberhalb der gehefteten Nähte, über die Naht und bis zur Spitze der anderen Seite zu.

4. Falten Sie den Hut in der Mitte, sodass die Spitzen der Teile aufeinanderliegen. Nähen Sie von der Spitze aus nach unten und lassen Sie ca. 4 cm offen. So bleiben die Spitzen des Huts zusammen, wenn er später auf rechts gedreht wird.

5. Es bleibt eine kleine Öffnung auf einer Seite des Huts (in der Abbildung ist es die Seite mit den roten Blumen). Drehen Sie den Hut durch diese Öffnung vorsichtig auf rechts.

6. Nachdem der Hut auf rechts gedreht wurde, sehen Sie, dass ein Teil aufgrund der Nähte wulstig ist. Streichen Sie diesen Bereich heraus, glätten Sie die Nähte und falten Sie sie, damit sie flacher werden.

7. Die seitliche Öffnung am Hut kann jetzt mit einer Zaubernaht geschlossen werden. Achten Sie darauf, die Nadel nicht bis zur Wendeseite des Huts durchzustechen.

WENDE-LATZHOSEN

1. Für die Träger der Latzhose nehmen Sie die beiden dünnen Teile von Stoff B und folgen der Anleitung für das Einfassen auf Seite 13.

2. Heften Sie je ein Ende der Träger an der oberen, schmäleren Kante des Latzes aus Stoff A fest, sodass sie in Richtung der breiteren Kante zeigen. Die Träger sollten 1,5 cm von den Seitenkanten entfernt sein.

3. Legen Sie die Wendeseite des Latzteils (Stoff B) darauf, mit rechts aufeinander, und heften Sie die Träger neu, damit sie nicht verrutschen.

4. Nähen Sie von einer unteren Ecke die Seite hoch, über die Oberseite und auf der anderen Seite hinunter bis zur gegenüberliegenden Ecke.

5. Schneiden Sie die oberen Ecken im Winkel ein, drehen Sie den Latz auf rechts und steppen Sie die Nähkante.

6. Nehmen Sie alle vier der unteren Latzhosenteile und nähen Sie je zwei passende Teile zusammen, aber nur entlang der mittleren gebogenen Kanten.

7. Schlagen Sie ein Paar Hosenbeine mit der rechten Seite nach oben (Stoff A) auf, legen Sie das fertige Latzteil mit der passenden Seite nach unten darauf und heften Sie die Latzmitte an der Mittelnaht der Hose fest. Die Schnittkanten sollten zusammenliegen.

8. Legen Sie ein Beinpaar im Kontraststoff (Stoff B) mit dem Gesicht nach unten darauf und heften Sie es fest. Nähen Sie über die obere Schnittkante und lassen Sie dabei an jedem Ende 1,3 cm aus. Nähen Sie den Latz dazwischen ein.

9. Schlagen Sie die Kontrastseite (Stoff B) und auch den Latz auf. Legen Sie die passende Rückseite (Stoff A) der Hose mit der rechten Seite nach unten darauf (auf Stoff A) und nähen Sie die Außenkanten von oben bis unten vollständig zu.

10. Auf der anderen Seite der Hose legen Sie den Kontraststoff (Stoff B) mit der rechten Seite nach unten obenauf und nähen alle Außenkanten von oben bis unten vollständig zu.

11. Heften Sie die Innennähte am Bein für jeden Stoff in Position. Achten Sie darauf, die Mittelnähte und Ecken beim Heften aneinander auszurichten.

12. Nähen Sie die Innennähte nur 1,3 cm weit zu und lassen Sie die Beininnenseiten offen.

13. Falten Sie die Hose in der Hälfte und legen Sie die Mitte der Innennähte übereinander. Heften Sie alle vier Lagen in Position.

14. Schließen Sie die Nähte auf der Beininnenseite von der 1,3-cm-Markierung bis zur anderen 1,3-cm-Markierung. Nähen Sie die Ecken nicht zu. Entfernen Sie alle Stecknadeln.

15. Schlagen Sie das Hosenteil hinüber zum Latzteil, um den Bund freizulegen, der noch nicht genäht wurde.

16. Drehen Sie den Latz durch diese Öffnung auf rechts.

17. Schlagen Sie den äußeren Stoff und den Kontraststoff am Bund nach innen um, sodass die rechten Seiten aufeinanderliegen und die Schnittkanten verbergen. In Position heften.

18. Stecken Sie die Enden der Träger in den hinteren Hosenbund, etwa 2 cm bis 2,5 cm von der Mittelnaht entfernt, zwischen die beiden Stofflagen.

19. Steppen Sie um den ganzen Bund herum, auch vorn unter dem Latz. Achten Sie darauf, bei diesem Schritt die Träger aus dem Weg zu halten.

20. Schließen Sie die Säume an den Beinöffnungen ab, indem Sie den äußeren Stoff und den Kontraststoff genauso umschlagen wie in Schritt 17. In Position heften und mit Steppstich abschließen.

SCHAL (OPTIONAL)

Sie können einen einfachen Schal für Ihren Wichtel häkeln, indem Sie mithilfe einer Häkelnadel und Wolle Ihrer Wahl eine Luftmaschenkette in der gewünschten Länge arbeiten.

LUFTMASCHE

Nachdem Sie die Häkelnadel durch eine Schlaufe geführt haben, schlagen Sie den Faden um die Nadel herum. Ziehen Sie den Faden durch die Schlaufe auf der Nadel (erste Luftmasche). Wiederholen Sie den Vorgang, bis Sie die gewünschte Länge haben. Schneiden Sie den Faden ab und ziehen Sie das Ende durch die letzte Luftmasche. Ziehen Sie den Faden an und schneiden Sie das Ende ab.

Abenteurer-Rucksack

Der Donnerstag ist im Wichtelreich der Natur gewidmet. Die Wichtelmännchen freuen sich alle auf einen tollen Wandertag durch den Eichenhain. Heften Sie sich einfach an ihre Fersen, sie werden Ihnen den Weg zeigen. Merlin ist ein Abenteurer und liebt es, die Welt um sich herum zu erkunden. Er klettert auf die höchsten Felsen und Bäume und sucht nach Dingen, mit denen er Seilrutschen, Schaukeln und Strickleitern bauen kann. Er mag Insekten und kümmert sich besonders um die, die die Blumen und Pflanzen bestäuben. In seinem Rucksack hat er ein Notizbuch, in dem er auf seinen Erkundungstouren alles notiert.

Sein kleiner Bruder Paulchen erzählt jedem, der sie hören möchte, Witze und lustige Geschichten. Manchmal kriecht er in den Eimer mit den frisch gepflückten Brombeeren und isst so lange davon, bis ihn jemand entdeckt. An anderen Tagen stopft er so viele in seinen Rucksack, wie hineingehen, um sie später aufzuessen.

Klein, aber fein: Machen Sie einen Rucksack für jeden Wichtel oder für andere Lieblingspuppen oder Stofftiere. Er eignet sich auch gut, um Grußkarten oder kleine Geschenke zu überreichen. Der Rucksack ist noch leichter zu machen, wenn Sie die Innen- und Außentaschen weglassen oder am oberen Rand ein Gummiband anstelle der Ösen und des Zugbands verwenden.

FERTIGE GRÖSSE: 15 cm × 14 cm

SIE BRAUCHEN

Schablonen (Seite 114) • Stoff: 1 Fat Quarter (ca. 55 cm × 50 cm) oder 0.25 m für die Außenseite • 1 Fat Quarter für das Futter • 11 cm langer Streifen eines 6 mm breiten, sich nicht aufrollenden Gummibands • (8) 3-mm-Ösen • Knopf (auf Wunsch mit Stoff bespannt) • Ahle oder Ösenzange • Schrägbandformer (optional) • Nähgarn • Einfaches Nähwerkzeug (Seiten 8–10)

ANLEITUNG

1. Schneiden Sie mithilfe der mitgelieferten Schablonen oder mit Lineal und Schneidematte alle Teile des Rucksackmusters aus. (Wenn Sie lieber längere Teile für die Träger zuschneiden und auf einmal nähen möchten, können Sie die Längen einfach addieren und später zurechtschneiden.)

Tipp Für den Rucksack kann eine alte Cord- oder Jeanshose verwertet werden, denn der Stoff eignet sich als widerstandsfähiger Oberstoff.

2. Nehmen Sie die zwei Teile für die Zugbänder und das Knopfschlaufenteil und folgen Sie der Anleitung auf Seite 13, um eine Einfassung zu arbeiten, oder nutzen Sie einen Schrägbandformer. Folgen Sie dabei der Anleitung des Herstellers.

3. Wenn alle Falten der Einfassung gebügelt sind, steppen Sie über die zwei Faltkanten – über die gesamte Länge jedes Teils – und legen sie beiseite.

4. Für die Träger und die Trageschlaufe des Rucksacks nehmen Sie einen Streifen des Futterstoffs und einen Streifen des Oberstoffs und legen Sie mit rechts aufeinander.

5. Nähen Sie die Längskanten auf beiden Seiten zu.

6. Drehen Sie das Teil auf rechts und bügeln Sie es bei Bedarf.

7. Steppen Sie die Längskanten auf beiden Seiten.

8. Wiederholen Sie die Schritte 4–7, um den anderen Träger und die Schlaufe zu nähen, und legen Sie alles beiseite.

9. Bereiten Sie die zwei Außentaschen vor, indem Sie einen 10 mm breiten doppelten Saum (siehe Seite 12) entlang der oberen Kante umschlagen.

10. Steppen Sie die untere Faltkante, sodass genug Platz für das Gummiband bleibt.

11. Ziehen Sie das Gummiband ein und sichern Sie es 3 mm von der Schnittkante der Tasche entfernt mit einem kleinen Stich an beiden Enden. So ist es später leichter, die Tasche in die Seitennähte einzunähen. Wenn Sie das Gummiband auf 5,5 cm zugeschnitten haben, ziehen Sie das andere Ende mithilfe einer Klemmnadel durch. Sie können es auch lang lassen, bei 5,5 cm markieren und nach dem Nähen abschneiden.

12. Falten Sie die Ecken und nähen Sie einen 1,5 cm langen Abnäher an den beiden unteren Ecken jeder Außentasche.

13. Schneiden Sie die kleinen überschüssigen Ecken ab, drehen Sie das Teil auf rechts und legen Sie es beiseite.

14. Schlagen Sie einen doppelten Saum mit 3 mm Nahtzugabe entlang der oberen langen Kante der Innentasche um.

15. Bügeln Sie den Saum, während Sie ihn umschlagen. Heften Sie ihn bei Bedarf in Position und steppen Sie über die obere Kante der Innentasche.

16. Schlagen Sie die Seiten der Innentasche auf die gleiche Weise um und bügeln Sie sie, aber steppen Sie noch nicht.

17. Legen Sie die Rückseite des Futters mit der rechten Seite nach oben. Legen Sie das Taschenteil mit rechts nach unten und mittig auf den Futterstoff. Die untere Kante der Tasche ist dabei ca. 5 cm von der unteren Kante des Futters entfernt. In Position heften und vollständig über die Schnittkante nähen.

18. Schlagen Sie die Innentasche zur oberen Kante um (rechte Seite oben) und steppen Sie beide Seiten und die Unterkante.

19. Nähen Sie den Boden des Futters an der unteren Kante des Futter-Rückenteils an (rechts aufeinander). Machen Sie eine Y-Naht, indem Sie an jedem Ende 6 mm offen lassen. Die Naht verriegeln.

20. Schlagen Sie die beiden Teile auf und legen Sie die Futter-Vorderseite auf die andere Seite der Futter-Unterseite (rechts aufeinander). Schließen Sie diese Kante ebenfalls mit einer Y-Naht.

21. Bevor Sie das Seitenteil anbringen, falten Sie die Vorder- und die Rückseite diagonal, sodass eine ganze Seitenkante zu sehen ist.

22. Legen Sie ein Seitenteil mit rechts nach unten und schließen Sie die seitliche untere Naht. Achten Sie darauf, die Vorder- und Rückseite nicht einzunähen. Diese Naht muss im Gegensatz zur vorderen und hinteren Kante nicht als Y-Naht gearbeitet werden.

23. Wiederholen Sie die Schritte 21–22 für das andere Seitenteil des Futterstoffs.

24. Schlagen Sie alle Teile auf und fangen Sie an, die vier Seitennähte zu schließen, von oben nach unten. Legen Sie das Teil beiseite.

HINWEIS: Wenn Sie die Seitennähte von oben nach unten nähen, ist gewährleistet, dass die Oberkante bündig ist.

25. Falten Sie den Futterstoff für das Klappenteil aufeinander, um die Mitte zu finden. Legen Sie die Knopfschlaufe auf die Markierung und heften Sie sie fest. (Vor dem Heften und Annähen müssen Sie die Länge der Schlaufe an die Größe des Knopfs anpassen.)

26. Legen Sie das äußere Klappenteil mit rechts nach unten darauf und nähen Sie die runde Kante zu. Kerben Sie die Nahtzugabe entlang der Kante ein.

27. Drehen Sie die Klappe auf rechts und steppen Sie die runde Kante.

28. Legen Sie das äußere Rückenteil mit rechts nach unten. Platzieren Sie mithilfe eines Lineals die beiden Schnittkanten der Trageschlaufe nebeneinander. Die beiden Enden müssen an der Oberkante mittig nebeneinander liegen und festgesteckt werden.

29. Legen Sie die oberen Enden der Träger rechts und links direkt neben das Schlaufenteil und heften Sie sie fest.

30. Heften Sie das untere Ende der Träger ca. 2 cm von den Seitenkanten entfernt fest. So stehen sie leicht schräg, aber Sie können sie auch gerade anbringen, wenn Sie dies vorziehen.

31. Nähen Sie den äußeren Boden mit einer Y-Naht an der unteren Kante des äußeren Rückenteils fest (wie in Schritt 19 gezeigt).

32. Schlagen Sie die zwei Teile auf. Legen Sie das Vorderteil der Rucksackaußenseite auf der anderen Seite des Bodens an (mit rechts aufeinander) und schließen Sie auch diese Kante mit einer Y-Naht.

33. Falten Sie wie in Schritt 21 das Vorder- und Rückenteil diagonal, sodass eine Seitennaht zu sehen ist.

34. Legen Sie die Tasche unten auf das äußere Seitenteil des Rucksacks und heften Sie sie fest. Die beiden Abnähernähte sollten auf den Ecken der Seitenkante liegen.

35. Legen Sie das Seitenteil mit Tasche (rechts nach unten) darauf und nähen Sie die unteren Schnittkanten zusammen. Diese Naht muss im Gegensatz zur vorderen und hinteren Kante nicht als Y-Naht gearbeitet werden.

36. Wiederholen Sie die Schritte 33–35 für die andere Tasche und das Seitenteil des Oberstoffs.

37. Schlagen Sie alle Teile auf und heften Sie die Zugbänder 1,5 cm unterhalb der oberen Kante des Rückenteils fest.

38. Schließen Sie die vier Seitennähte von oben nach unten.

39. Damit sich der Futterstoff nicht vom Oberstoff löst, nähen Sie die zwei langen Kanten der Unterseiten zusammen.

40. Drehen Sie den Oberstoff der Tasche auf rechts, sodass der Futterstoff jetzt innen ist.

Tipp Wenn Sie die kleinen Metallösen umgehen möchten, können Sie Knopflöcher arbeiten und die Schritte 45 und 46 überspringen. Wenn Sie gar keine Löcher haben möchten, können Sie die Schritte 44–47 auslassen und stattdessen zwischen den beiden Lagen Gummiband von einer hinteren Seitennaht über die Vorderseite bis zur anderen hinteren Seitennaht einarbeiten (nicht auf der Rückseite).

41. Richten Sie die vier Ecknähte aus und schlagen Sie den Oberstoff und den Futterstoff je 6 mm ein und heften Sie sie zusammen.

42. Legen Sie je nach Größe und Schlaufenlänge den Knopf mittig auf die Vorderseite des Rucksacks und nähen Sie ihn an. Achten Sie darauf, den Knopf nicht am Futterstoff festzunähen.

43. Heften Sie zum Abschluss den Futterstoff oben am Oberstoff fest und steppen Sie darüber. Nähen Sie dabei nicht über die Träger.

44. Zeichnen Sie mit einem Textilmarker vier Punkte im gleichen Abstand auf dem Vorderteil und zwei Punkte auf jedem Seitenteil für die Ösen an. Die Löcher sollten 10 mm von der Faltkante entfernt sein, damit sie auf der gleichen Höhe wie die Zugbänder sind.

45. Stechen Sie mit einer Textilahle oder Ösenzange Löcher an den acht Markierungen, die gerade groß genug für die Zugbänder sind.

Tipp Bevor Sie Löcher in den Rucksack machen, sollten Sie Ihr Werkzeug an Stoffresten testen. Ist der Stoff zu dünn, könnte er dabei Falten werfen. Dann sollten Sie den Rucksackrand mit einem Stück Naturvlies verstärken, während Sie die Löcher stechen.

46. Folgen Sie der Anleitung des Herstellers, um Ösen in den Löchern zu befestigen.

47. Ziehen Sie die Zugbänder abwechselnd ein und aus durch die Ösen oder Knopflöcher, bis beide durch die mittigen Ösen oder Knopflöcher auf der Vorderseite heraustreten.

48. Machen Sie einen Knoten in die Enden der Zugbänder, damit sie nicht herausgezogen werden können.

Mäusefreundinnen: MINNA & MOLLY

Sind die Wichtel aus dem Haus, tanzen die Mäuse. Das sind Minna & Molly. Eigentlich sollen Sie den Wichteln helfen, Feuerholz und Beeren zu sammeln, aber sie können sich keine Gelegenheit zum Spielen entgehen lassen, bevor die Arbeit ruft. Die beiden sind von Kindheit an dicke Freundinnen und lieben es zu jeder Tages- und Nachzeit zu schaukeln, Hüpfkästchen zu spielen und Seil zu springen.

Die Mäuse sind für die Wichtel sehr wichtig. Sie helfen, Löcher in das Erdreich zu graben, damit die Wichtel einen sicheren und kühlen Ort haben, an dem sie in den Sommermonaten ihre Beeren lagern können. Im Winter helfen sie, auf der Suche nach Feuerholz die Wichtelschlitten durch das schneebedeckte Tal zu ziehen. Sie sind fröhliche kleine Wesen und machen es sich am Ende des Tages gern mit ihrer Wichtelfamilie gemütlich.

Diese kleine Maus ist der ideale Begleiter für jedes Kind. Sei es der erste Schultag, ein Arztbesuch oder andere Anlässe, bei denen ein kleiner Trostspender dabei sein soll. Die Maus kommt überallhin mit. Das niedliche Projekt eignet sich hervorragend, um ein paar bunte Stoffreste aufzubrauchen, die für andere Projekte zu klein sind.

FERTIGE HÖHE: ca. 15 cm

SIE BRAUCHEN

Schablonen (Seite 114) • Stoff: 1 Fat Eighth (ca. 25 cm × 55 cm) pro Maus • Füllung • Pfeifenreiniger für den Schwanz (optional) • Stickgarn oder 2 runde Perlen für die Augen (optional) • Nähgarn • Einfaches Nähwerkzeug (Seiten 8–10)

ANLEITUNG

1. Schneiden Sie alle Teile des Mäusemusters aus. Nähen Sie alle Ohren, Arme, Beine und den Schwanz, indem Sie je zwei gleiche Teile mit rechts aufeinander legen und von einem Ende rundherum bis zum anderen Ende nähen. Lassen Sie die geraden Kanten zum Wenden offen. Achten Sie darauf, die Naht an den Enden zu verriegeln.

2. Schneiden und kerben Sie die Nahtzugabe an allen Kanten und Kurven ein und achten Sie darauf, den Innenbogen am vorderen Knöchel der Füße einzuschneiden. Beschädigen Sie die Nähte dabei nicht.

3. Drehen Sie mit einer Wendehilfe alle Teile auf rechts.

4. Stopfen Sie die Arme und Beine nach Belieben aus, aber nicht zu fest.

Tipp Sie können den Schwanz schlaff lassen, ihn ausstopfen oder einen Pfeifenreiniger einarbeiten, damit man ihn formen kann. Lassen Sie 2 cm des Pfeifenreinigers am Schwanzende überstehen und wickeln Sie ihn auf, damit er nicht aus der Naht gezogen werden kann.

5. Legen Sie die Kopfteile mit rechts nach oben.

6. Platzieren Sie je ein Ohr in jedem Abnäher am Kopf, sodass die Schnittkante des Ohres in dem Schlitz liegt und die Spitze des Ohres zur Nase zeigt. Es sollten ca. 6 mm über dem Ohr bleiben, um den Kopf oben zunähen zu können.

7. Nähen Sie das Ohr leicht angewinkelt in den Abnäher. Fangen Sie oben mit 6 mm an und werden Sie immer schmaler bis zu einer Stelle knapp unterhalb des Ohrs.

8. Legen Sie ein Teil des Körpers mit rechts nach oben.

9. Legen Sie einen Arm darauf, sodass die Schnittkanten übereinanderliegen. Der Arm sollte in der Mitte der oberen Kante des Körpers liegen, mit den Nähten an den Seiten.

10. Nehmen Sie ein fertiges Kopfteil und legen Sie es mit dem Gesicht nach unten mittig auf den Arm und Körper. Richten Sie die Schnittkanten aus und nähen Sie über diese Kante.

11. Legen Sie die zwei Körperteile mit rechts zusammen. Heften Sie die Kanten an den Ohren und beiden Seiten des Halses in Position.

12. Heften Sie den Schwanz auf der Rückseite der Maus 1,5 cm oberhalb der Unterkante fest, sodass er auf der Innenseite liegt.

13. Nähen Sie einmal von der unteren Ecke um die Maus herum, über den Kopf (nähen Sie die Ohren nicht ein) und bis zur anderen Ecke. Lassen Sie die untere gerade Kante offen. Drehen Sie die Maus auf rechts.

14. Befestigen Sie die Beine, indem Sie sie zunächst auf die Vorderseite der Maus heften, zu beiden Seiten der mittigen Körpernaht, und sie dann annähen. Bei diesem Schritt sollten die Zehen zur Brust zeigen.

15. Stopfen Sie die Nase, den Kopf und dann den Körper aus.

16. Schlagen Sie die Beine auseinander und schließen Sie den unteren Rücken der Maus mit einer Zaubernaht. Es ist vielleicht einfacher, zunächst den Rücken des Mäusekörpers mit der Rückseite der Beine zu verbinden und dann die restlichen Nähte zu schließen.

17. Folgen Sie der Anleitung auf Seite 17, um der Maus Augen zu sticken (oder Seite 16 für Perlaugen, je nach Wunsch).

Zauberpilze

Heute ist ein besonderer Tag und im Eichenhain liegt Aufregung in der Luft, die man überall spürt. Alle Wichtel und ihre pelzigen Freunde versammeln sich zu einem ihrer jährlichen Feste, umringt von den ältesten Pilzen. Da der Kreis der Zauberpilze von Jahr zu Jahr wächst, haben sie noch mehr Grund, sich in seiner Mitte einzufinden. Heute feiern sie den Einzug des Herbsts und danken für die vielen guten Dinge, die sie haben. Alle erzählen nacheinander, wofür sie dankbar sind, und es folgt ein üppiges Erntefest. Der Spaß, die Spiele und das Gelächter dauern die ganze Nacht.

In nur wenigen Monaten verfällt das Tal in eine friedliche Stille, wenn die Tage kürzer werden und die ersten Schneeflocken vom Himmel fallen. Am kürzesten Tag des Jahres versammeln sich die Wichtel erneut im Pilzring, um die Sonne zurückzurufen, damit sie sie alle wärmt und das Tal wieder in ein saftiggrünes Gewand hüllt.

Da dies das einfachste Projekt ist, können Sie gleich mehrere Pilze in verschiedenen Größen mit neuen oder wiederverwerteten Stoffen arbeiten, um Abwechslung in die Sache zu bringen (das Projekt eignet sich ebenfalls, um Stoffreste aufzubrauchen). Machen Sie Ihren eigenen Ring aus Zauberpilzen, in dem Sie nach Lust und Laune tanzen, singen und feiern können.

FERTIGE GRÖSSEN (HÖHE): 10 cm, 21,5 cm, 23 cm

SIE BRAUCHEN

Schablonen (Seite 115) • Stoff: 1–2 Fat Quarter (ca. 50 cm × 55 cm) für die kleine Größe, 2 Fat Quarters für den großen Pilz • Füllung • Nähgarn • Einfaches Nähwerkzeug (Seiten 8–10)

ANLEITUNG

1. Schneiden Sie alle Teile des Pilzmusters aus, einschließlich des mittleren grauen Kreis für die Unterseite des Pilzhuts. (Schneiden Sie die Mitte heraus, indem Sie die Unterseite zweimal auf die Hälfte falten) und die gefaltete Spitze dann abschneiden, wie in Schritt 6 auf Seite 65 gezeigt). Legen Sie zwei Teile des Pilzhuts mit rechts aufeinander, nähen Sie von unten nach oben und lassen Sie 6 mm an der Spitze offen. Verriegeln Sie die Naht.

2. Schlagen Sie sie mit der rechten Seite nach oben auf und legen Sie ein weiteres Teil des Huts mit rechts nach unten darauf. Nähen Sie dann von der unteren Kante nach oben und lassen Sie 6 mm offen. Jetzt sind drei Teile verbunden.

3. Nähen Sie das letzte Teil des Huts auf die gleiche Weise an den drei anderen fest und verbinden Sie das erste mit dem letzten Teil.

4. Falten Sie den Strunk in der Mitte, mit rechts aufeinander, und nähen Sie 1,5 cm der geraden Kante von oben und 1,5 cm von unten zu. Lassen Sie die Mitte der geraden Naht zum Wenden offen. Verringeln Sie die Naht.

5. Falten Sie die Standfläche des Pilzes in Viertel und bügeln Sie die Falten an. Falten Sie dann die untere Kante des Strunks und bügeln Sie die Falte an, um die Teile vor dem Heften gleichmäßig auszurichten.

6. Heften Sie die untere Kante des Strunks (mit der Innenseite außen) zunächst an den vier Markierungsfalten mit der Standfläche des Pilzes (mit der linken Seite außen) zusammen.

7. Richten Sie auch die Abschnitte zwischen den Stecknadeln aus und heften Sie sie in Position. Dieser Schritt ist bei größeren Pilzen wichtiger.

8. Nähen Sie die Teile entlang der Kante zusammen. (Bei kleineren Pilzen ist dieser Schritt eventuell einfacher per Hand auszuführen.)

9. Drehen Sie den genähten Strunk auf rechts.

10. Legen Sie den inneren Ring auf der Unterseite des Pilzhuts (Oberteil des Pilzes) so um das obere Ende des Strunks, dass die rechte Seite nach unten zeigt.

11. Heften Sie den Ring in Position und nähen Sie ihn rundherum von Hand an.

12. Schlagen Sie den Pilzhut auf und legen Sie den Strunk hinein, mit den rechten Seiten nach innen.

Tipp Bei kleineren Pilzen ist es einfacher, den Hut und den Strunk zu machen, sie einzeln zu füllen und den Strunk dann mit einer Zaubernaht mittig auf der Unterseite des Pilzhuts anzunähen.

13. Heften Sie bei Bedarf alle Nähte in Position und nähen Sie einmal um die Kante des Pilzhuts herum.

14. Kerben Sie vorsichtig die Nahtzugabe an den seitlichen Kanten, am Rand des Pilzhuts und an der Standfläche des Strunks ein.

15. Drehen Sie den Pilz auf rechts und stopfen Sie ihn vorsichtig aus, bis er die gewünschte Füllung hat.

16. Schließen Sie die Öffnung am Strunk mit einer Zaubernaht.

2

Küstengewässer

Den Großteil meines Lebens habe ich an der Ostküste der USA verbracht, mit dem Geräusch der sich am Strand brechenden Wellen im Ohr und dem Meeresgeruch in der salzigen Luft. Meine alltäglichen Erlebnisse haben mich zu diesen Projekten inspiriert, die Sie hoffentlich ebenfalls anregen werden.

Schiller, die Zierschildkröte

Für diejenigen unter Ihnen, die mich noch nicht kennen: Ich bin Schiller, die Zierschildkröte. Ich wurde in Mexiko geboren und bin in den letzten Jahren viel herumgekommen, bevor ich an den sandigen Stränden von Maine gelandet bin.

Ich wache frühmorgens im Wasser auf und frühstücke ein paar winzige Fische oder etwas Seegras. Nach dem Frühstück liege ich im warmen Sand oder auf den Felsen und manchmal klettere ich auf ein Stück Treibholz, das im Wasser schwimmt, um ein paar Sonnenstrahlen einzufangen. Ich brauche viel Sonne, um meinen Panzer zu kräftigen, deshalb macht es mir nichts aus, den ganzen Tag mit Sonnenbaden zu verbringen. An Land bewege ich mich sehr langsam und dabei fresse ich hier und da einen Happen. Manchmal spiele ich Verstecken und ziehe meinen Kopf, meine Füße und meinen Schwanz ein, um mich vor großen Vögeln und Waschbären zu verbergen. Mein harter Panzer schützt mich, aber es macht mir auch Spaß, mich zu verstecken.

Sie können mehrere Panzer für die Schildkröte machen und ihn von Zeit zu Zeit austauschen. Schildkröten freuen sich immer über ein neues Kleid. Wer würde das nicht?

FERTIGE LÄNGE: ca. 38 cm

SIE BRAUCHEN

Schablonen (Seite 116) • Stoff für den Schildkrötenpanzer (einschließlich Rand): 3 Fat Quarter (je ca. 50 cm × 55 cm) in verschiedenen Mustern oder 0,60 m insgesamt • Stoff für den Körper der Schildkröte: 2 Fat Quarter (verschiedene Muster) oder 0,50 m insgesamt • Vlieseinlage (optional; etwas weniger als die Entsprechung eines Fat Quarter – ca. 50 cm × 55 cm) • Füllung • Stickgarn • Nähgarn • Einfaches Nähwerkzeug (Seiten 8–10)

PANZER

1. Schneiden Sie alle Teile des Schildkrötenmusters für den Panzer und den Körper aus. Schneiden Sie für die Umrandung des Panzers außerdem einen Stoffstreifen auf 9 cm × 104 cm zu (wenn Sie Fat Quarter verwenden, verbinden Sie zwei kürzere Streifen).

Tipp Auch wenn das Bauchteil doppelseitig gearbeitet wird, ist hinterher nur eine Seite zu sehen. Sie können für die Unterseite des Panzers, die nicht zu sehen ist, einen einfarbigen Stoff verwenden.

2. Falten Sie das Bauchteil und bügeln Sie es, um die Mitte der oberen, unteren und seitlichen Kanten zu markieren. Nähen Sie die Bauchteile mit rechts aufeinander zusammen. Achten Sie darauf, nur die Öffnungen am Hals, den Vorderbeinen, Hinterbeinen und am Schwanz zu nähen. Schneiden Sie die Nahtzugabe an den Kurven ein.

3. Drehen Sie den Bauch auf rechts und steppen Sie alle Kanten, die Sie in Schritt 2 genäht haben.

4. Falten und bügeln Sie das Unterbauchteil, um die Mitte zwischen den oberen, unteren und seitlichen Kanten zu markieren. Platzieren Sie Stecknadeln an diesen Markierungen, um sie hervorzuheben.

5. Legen Sie die folgenden Teile mit rechts nach oben übereinander: das Unterbauchteil und darauf mittig das Bauchteil, das Sie gerade gemacht haben. Achten Sie darauf, dass die Bauchseite, die bei der fertigen Schildkröte zu sehen sein soll, nach oben zeigt.

6. Platzieren Sie den Umrandungsstreifen für den Panzer mit der rechten Seite nach unten vorn in der Mitte der Schildkröte. Legen Sie ihn so, dass links der vorderen Markierung der Mitte 1,5 cm Nahtzugabe bleiben.

7. Heften Sie den Rand der Panzerumrandung rundherum fest, bis sich die Enden überlappen.

8. Nähen Sie diese Enden mit den rechten Seiten zusammen und schneiden Sie sie bei Bedarf zurecht. Bügeln Sie die Enden auseinander.

9. Nähen Sie nur die beiden langen Seiten mit 6 mm Nahtzugabe ca. 5 cm oberhalb und 5 cm unterhalb der seitlichen Mitten zu. Dieser Schritt hilft später nach dem Füllen beim Schließen des Panzers.

10. Falten Sie die Umrandung der Länge nach auf die Hälfte, ausgehend von der vorderen Mittelnaht. Heften Sie die gegenüberliegende Schnittkante an der bereits gehefteten Außenkante fest (dies wird später ausgestopft und die rechten Seiten müssen außen sein). Achten Sie darauf, dass die Stecknadeln mit dem Kopf nach außen zeigen.

11. Falten Sie das äußere Panzerteil in Viertel und bügeln Sie es, um die Mitte zu markieren, wie in Schritt 4.

12. Legen Sie das äußere Panzerteil mit rechts nach unten auf die anderen gehefteten Panzerteile. Die Panzerumrandung sollte mit gehefteter Schnittkante nach innen liegen.

13. Richten Sie die Mittelfalten des äußeren Panzerteils mit den anderen Teilen aus und heften Sie die vier Punkte in Position. Dieses Teil ist viel größer als die anderen, damit der Panzer genug Raum für die Füllung hat.

14. Schlagen Sie etwa 2,5 cm von der vorderen und hinteren Mittelnaht entfernt jeweils links und rechts davon 10 mm Stoff nach unten um, sodass eine Messerfalte entsteht, und heften Sie sie fest.

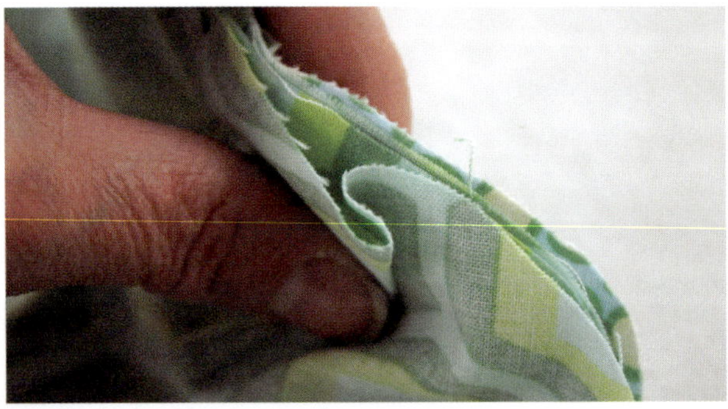

15. Arbeiten Sie wie in Schritt 14 an den Seiten Messerfalten. Die Falten gleichen den Überhang am äußeren Panzerteil aus.

16. Heften Sie die verbleibenden Schnittkanten nach Bedarf in Position.

17. Nähen Sie die hintere Körperhälfte mit 10 mm Nahtzugabe von einer Falte rundherum bis an der anderen Falte vorbei.

Tipp Achten Sie darauf, die Falten in den Schritten 17–18 zu nähen, da es schwierig ist, sie nach dem Füllen des Panzers zu raffen und zu nähen.

18. Wiederholen Sie Schritt 17 an der vorderen Körperhälfte. Nach dem Nähen müssen beide Seiten der Schildkröte eine 7,5 cm große Öffnung zum Wenden und Ausstopfen haben.

19. Suchen Sie die Öffnung zwischen der Umrandung und dem äußeren Panzer und drehen Sie das gesamte Teil vorsichtig auf rechts.

20. Füllen Sie durch eine Seite nur die Hälfte der Umrandung bis zur vorderen Mitte und dann bis zur hinteren Mitte, damit die Naht nicht reißt.

21. Füllen Sie durch die andere Seite die andere Hälfte der Umrandung, bis hoch zur Mitte und hinunter zur Rückseite. Stopfen Sie den Rand nicht zu fest aus.

22. Nach ausreichender Füllung der Umrandung heften Sie die Schnittkanten und nähen die Umrandung von innen auf beiden Seiten des Panzers von Hand oder mit der Maschine zu. So verrutscht der Rand beim Zunähen nicht.

23. Füllen Sie den Panzer vorsichtig von beiden Seiten.

Tipp Achten Sie darauf, nicht an den seitlichen Öffnungen zu ziehen oder sie zu dehnen. Stopfen Sie den Panzer nicht zu fest aus, da sich der Körper der Schildkröte sonst schwer in den Unterbauch schieben lässt.

24. Schlagen Sie die Nahtzugabe des Panzers um und schließen Sie die Umrandung mit einer Zaubernaht.

25. Schieben Sie die Umrandung vorsichtig unter den Fuß Ihrer Nähmaschine (Sie müssen eventuell den Fuß entfernen, damit es passt) und steppen Sie einmal um die Innenkante herum. Dadurch haben Sie auf der Unterseite einen Blindstich, aber es schützt die Kanten, wenn Sie den Körper durch die kleinen Beinlöcher vorn und hinten schieben. Legen Sie den fertigen Panzer beiseite.

KÖRPER

1. Nähen Sie zunächst die zwei Kopfteile mit rechts aufeinander zusammen. Lassen Sie den Hals zum Wenden und Füllen offen. Verriegeln Sie die Stiche am Anfang und Ende jedes Teils.

2. Nähen Sie die Arme, die Beine und den Schwanz auf die gleiche Weise.

3. Schneiden und kerben Sie die Kanten aller sechs Teile ein. Schneiden Sie dabei nicht in die Nähte.

4. Drehen Sie die Teile auf rechts und stopfen Sie sie aus, aber nicht zu fest. Lassen Sie an den Enden Raum, um die Teile am Körper zu befestigen.

5. Falten und bügeln Sie beide Körperteile, um die vordere, hintere und seitliche Mitte zu markieren.

6. Legen Sie ein Teil des Schildkrötenkörpers mit dem Gesicht nach oben. Legen Sie als Referenz das Musterteil des Schildkrötenbauchs darauf.

7. Legen Sie die Vorder- und Hinterbeine so in die Mitte jeder „Öffnung", dass sich die Schnittkanten treffen. Die Nähte müssen sich an den Seiten befinden. Die Vorder- und Hinterbeine sollten auf dem Bauchteil liegen und nach innen zeigen (die Vorderbeine nach oben gebogen und die Hinterbeine nach unten). Heften Sie alles in Position.

8. Bevor Sie den Kopf und Schwanz in Position heften, müssen Sie die Öffnungen plätten, damit die Nähte aufeinanderliegen.

9. Richten Sie die Kopfnähte an der vorderen Körpermitte der Schildkröte aus und heften Sie sie in Position. Der Kopf sollte zur Mitte des Körperteils hin liegen, die Schnittkanten übereinander, und das Kinn nach oben zeigen.

10. Richten Sie die Schwanznähte an der hinteren Körpermitte aus und heften Sie sie in Position. Auch hier sollte der Schwanz zur Mitte des Schildkrötenkörpers hin liegen.

11. Entfernen Sie das Musterteil für den Schildkrötenbauch, das als Referenz gedient hat, bevor Sie zum nächsten Schritt übergehen.

12. Legen Sie das andere Teil des Schildkrötenkörpers mit rechts nach unten darauf.

13. Richten Sie die Mittelfalte von vorn anfangend an der Kopfnaht aus und heften Sie das Oberteil fest, um den Kopf zu bedecken.

14. Richten Sie die Mittelfalte hinten an der Schwanznaht aus und heften Sie das Teil fest, um den Schwanz zu bedecken.

15. Richten Sie die Seitenfalten aus und heften Sie die beiden Teile des Schildkrötenkörpers zusammen.

16. Heften Sie den restlichen Umfang des Schildkrötenkörpers. Alle Gliedmaßen müssen auf der Innenseite dieses Teils sein, das wie ein Beutel wirkt.

17. Nähen Sie zunächst auf einer Körperseite ca. 2,5 cm von der Mittelfalte nach unten und dann um den ganzen Körper herum. Lassen Sie eine 5 cm große Öffnung, um den Körper auf rechts zu drehen. Verriegeln Sie die Naht am Anfang und Ende.

18. Ziehen Sie die Vorder- und Hinterbeine nacheinander vorsichtig heraus, gefolgt von Kopf und Schwanz. Achten Sie darauf, ob alle Schnittkanten sorgfältig in die Nahtkante eingenäht wurden. Sollte eine herausgerutscht sein, beheben Sie dies vor dem nächsten Schritt. Dies passiert häufig, wenn die Teile fest ausgestopft sind, weil sie so eben durch die Öffnungen passen.

19. Steppen Sie um den Rand des Körpers herum, um den Kopf, den Schwanz und die Gliedmaßen zu sichern. Lassen Sie eine 5 cm große Öffnung zum Füllen.

20. Füllen Sie den Körper sehr leicht mit Flusen oder schneiden Sie ein Stück Vlieseinlage aus, das etwas kleiner als das Musterteil des Körpers ist. Wenn Sie den Körper zu fest ausstopfen, passt er nicht in den Unterbauch. Schließen Sie die Seite des Körpers im Steppstich.

21. Sticken Sie nach Wunsch eine Zierform, um der Schildkröte eine persönliche Note zu geben. Ich habe ohne Schablone ein längliches Herz mithilfe von Stecknadeln angezeichnet. Sie können mit der Maschine oder von Hand arbeiten und jede Form oder einen Buchstaben verwenden. Wichtig ist nur, dass Sie dabei Freude haben und Ihr ganz eigenes Design entwickeln.

22. Um die Schildkröte in den Unterbauch zu schieben, platzieren Sie zunächst die beiden Hinterbeine und den Schwanz in einem vorderen Beinloch. Dann schieben Sie das Vorderbein durch das gleiche Beinloch zur anderen Seite, gefolgt vom Kopf. Ziehen Sie nicht an den Beinen, sondern eher am Rand des Körpers, damit nichts reißt. Ziehen Sie den Schwanz durch und richten Sie die Beine und den Kopf bei Bedarf aus.

23. Um den Körper aus dem Panzer zu holen, befolgen Sie Schritt 22 in umgekehrter Reihenfolge.

24. Auf Wunsch können Sie mit einer starken Puppennadel und Stickgarn Augen sticken – siehe Anleitung auf Seite 17.

Wasserratte, das Ruderboot

Wasserratte wurde in einer Kleinstadt in Maryland an der Atlantikküste gebaut. Sie hat ihr Handwerk von der Pike auf gelernt und war früher ein Lastkahn, der tagein tagaus hart arbeiten musste. In den heißen Sommermonaten hat sie für die Fischer viele Kisten voller Krabben an Land transportiert. Manchmal haben die Krabben sie in die Seite gekniffen, um sich zu befreien, aber sie hat ihren Weg unbeirrt fortgesetzt. In ihrer Heimatstadt hat Wasserratte viele Freunde.

Als sie in die Jahre kam, setzte sie sich zur Ruhe und hörte auf, jede Saison die schweren Krabbenkisten zu transportieren. Heute fährt sie hin und wieder mit Kindern raus aufs Wasser. Sie mag es gern, sie den ganzen Tag lachen zu hören und an ihren kindlichen Abenteuer teilzuhaben. Wasserratte ist eine tolle Begleiterin für einen Ausflug an die Küste, sogar in den kälteren Monaten, wenn es dort etwas ruhiger zugeht.

Mit diesem Wendemuster erhalten Sie gleich zwei Ruderboote in einem. Sie werden gar nicht genug davon bekommen können, kleine Wichtel und Stofftiere in das Boot zu setzen und damit in Ihren Träumen über Flüsse und Seen zu rudern.

LÄNGE DES FERTIGEN BOOTS: ca. 27 cm

SIE BRAUCHEN

Schablonen (Seite 117) • Stoff für das Boot: 1 Fat Quarter (ca. 50 cm × 55 cm) für jede Seite des Boots (Stoff A und Stoff B) • Stoff für die Paddel: 1 Fat Quarter • 0,20 m mittelstarke Verstärkungseinlage • Vlieseinlage, 50 cm × 55 cm • Füllung • Nähgarn • Einfaches Nähwerkzeug (Seiten 8–10)

ANLEITUNG

1. Schneiden Sie die Teile des Ruderbootmusters aus dem Stoff Ihrer Wahl aus und auch die Wattierung und Vlieseinlage zur Verstärkung.

2. Legen Sie die Seitenteile des Boots in der folgenden Reihenfolge aufeinander, von unten nach oben: Vlieseinlage, Stoff A (rechte Seite oben), Stoff B (rechte Seite unten) und Verstärkungseinlage.

3. Richten Sie alle Teile aus und nähen Sie die obere (längste) Kante von einem Ende zum anderen mit 10 mm Nahtzugabe zu.

4. Wiederholen Sie dies für die anderen Seitenteile und das Heck des Boots. Legen Sie die Heckteile weg.

5. Schlagen Sie eine der Bootsseiten auf und legen Sie sie mit rechts nach oben auf den Tisch.

6. Schlagen Sie die andere Seite auf und legen Sie sie mit den rechten Seiten aufeinander auf die erste Seite. Führen Sie die jeweils gleichen Stoffe zusammen.

7. Richten Sie die gebogenen Mittelnähte aus und heften Sie sie in Position, damit sie nicht verrutschen. Nähen Sie die vordere Rundkante von einem Ende zum anderen zu.

8. Wiederholen Sie die Schritte 5–7 noch zweimal, um die beiden Seitenteile hinten mit dem Heckteil des Ruderboots zu verbinden.

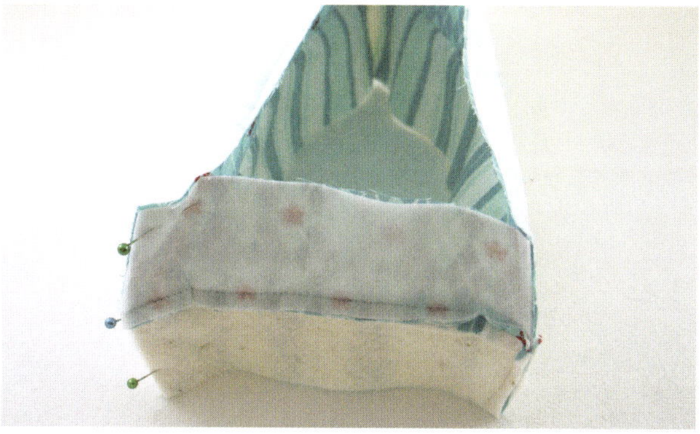

9. Schneiden Sie die vordere Rundkante des Boots entlang der Nahtzugabe ein, ohne die Nähte zu beschädigen.

10. Schlagen Sie die Mittelnaht der vorderen Kante auf, die Sie in Schritt 7 zuerst genäht haben. Falten Sie die beiden Seiten mit links aufeinander und heften Sie sie in Position. Durch das Aufschlagen wird die Naht an der Schnittstelle weniger wulstig.

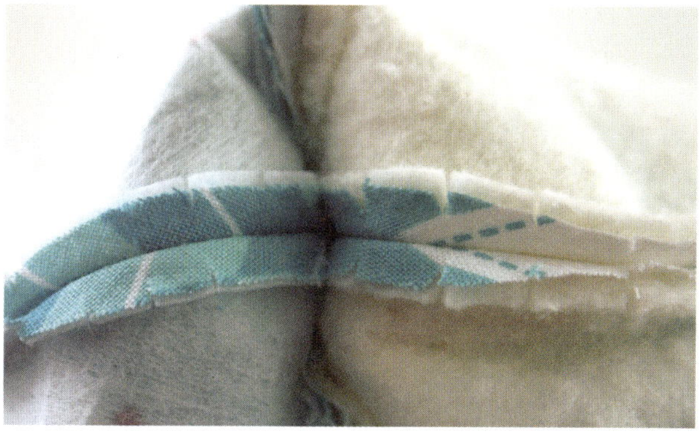

11. Wiederholen Sie Schritt 10 an den hinteren Ecken des Boots und heften Sie sie in Position.

12. Wenn die Seiten des Boots alle in Position geheftet sind, steppen Sie oben um das Boot herum und entlang jeder Seite jeder Naht. Es ist am einfachsten, oben anzufangen, über die Naht zu nähen, rechts der Naht hinunter zu nähen, die untere Schnittkante der Naht zu queren, links der Naht hinauf zu nähen und die Naht oben wieder zu kreuzen, um weiter entlang der Faltkante zu steppen. Nähen Sie auf diese Weise um alle Nähte herum, um sie zu verstärken.

13. Legen Sie die Unterseite des Verstärkungsteils und das gleiche Unterteil aus dem Bootsstoff, das sich derzeit auf der Innenseite der Bootskanten befindet, auf den Tisch.

14. Legen Sie den fertigen Bootsrand (oder die Seiten) darauf. Richten Sie die Schnittkanten des Hecks an der hinteren Kante des Bootsbodens aus. In Position heften.

15. Legen Sie den anderen Stoff mit rechts nach unten auf diese Teile und darauf die Vlieseinlage. Richten Sie erneut die Kante des Bootsbodens aus und heften Sie alles in Position.

16. Nähen Sie hintere/untere Kante mit einer Y-Naht und lassen Sie dabei an jeder der hinteren Ecken 6 mm Nahtzugabe. Sie brauchen außerdem an dieser Kante eine 5 cm große Öffnung in der Mitte zum Wenden und Füllen. Verriegeln Sie die Naht.

17. Heften Sie alle Lagen der linken und der rechten Bootsseite mit dem Bootsboden zusammen. Die Bootsseiten sollten zur Innenseite hin geheftet werden.

18. Ziehen Sie den Kontraststoff und die Vlieseinlage, die obenauf liegen, über die Seiten und heften Sie sie fest.

19. Nähen Sie beide Seiten des Boots von hinten nach vorn zu.

Tipp Die beiden hinteren Ecken und die Spitze des Boots sind am schwersten zu nähen. Wenn es Ihnen nicht gelingt, alle Ecken auf einmal einzunähen, versuchen Sie, sie ohne den Oberstoff und die Vlieseinlage zu nähen. Die Ecken nähen Sie danach.

20. Ziehen Sie das Boot durch die hintere Öffnung vorsichtig auf rechts.

21. Überprüfen Sie an den hinteren Ecken, ob die Schnittkanten ausreichend eingenäht sind.

22. Überprüfen Sie an der vorderen Spitze am Bootsboden, ob die seitlichen Schnittkanten ebenfalls ausreichend eingenäht sind. Ist eine Schnittkante an der Seite nicht ordentlich eingenäht (wie unten gezeigt), drehen Sie das Boot wieder auf links, um dies vor dem nächsten Schritt zu beheben.

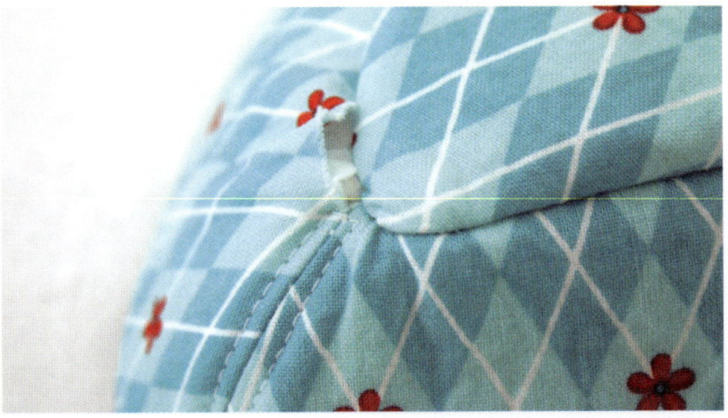

23. Zum Abschluss des Boots schlagen Sie die Schnittkante nach innen um und heften Sie in Position. Schließen Sie die Stelle mit Nadel und Faden in einer Zaubernaht. Entfernen Sie alle Nadeln.

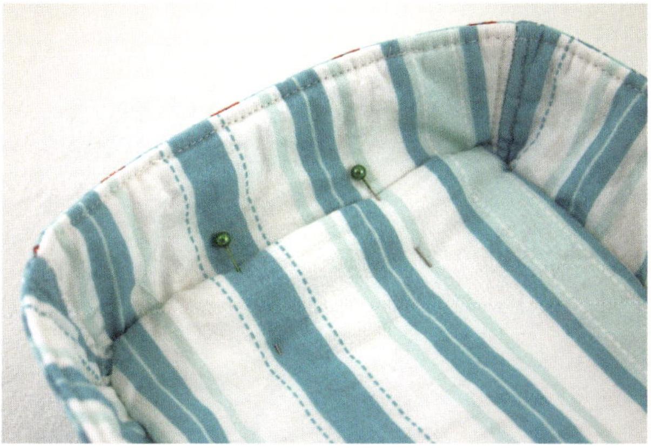

PADDEL

2 Stück

1. Für jedes Paddel legen Sie zwei der Stoffteile mit rechts aufeinander.

2. Legen Sie das Vliesteil auf den flachen Teil des Paddels.

3. Nähen Sie entlang der seitlichen Kante um das Paddel herum, auf der anderen Seite zurück und um den Griff herum. Lassen Sie eine 2,5 cm große Öffnung zum Wenden und Ausstopfen. Schneiden Sie die Nahtzugaben in den Kurven ein.

4. Drehen Sie mit einer Wendehilfe vorsichtig den flachen Paddelteil durch die Öffnung auf rechts. Drehen Sie dann auch den Griff des Paddels auf rechts.

5. Steppen Sie das Paddel. Auf Wunsch können Sie in der Mitte des Paddels ein zusätzliches Rechteck mit abgerundeten Ecken nähen, um das Paddel zu verstärken.

6. Stopfen Sie den Paddelgriff vorsichtig aus, aber nicht zu fest.

7. Schließen Sie die Seite des Paddelgriffs mit einer Zaubernaht.

Zwickie, der Hummer

Ich heiße Zwickie und bin ein Nordhummer, der vor der Küste von Maine lebt. Ich habe eine große Familie und viele Freunde und wir verbringen für gewöhnlich den ganzen Tag auf dem dunklen Grund des Ozeans. Wir versuchen, uns von hellen Lichtquellen und Hummerfallen fernzuhalten. Meine Freunde Edward und Nova sind letztes Jahr beim Bummeln in eine Falle getappt, aber wir haben alle zusammen die Falle auseinandergezogen, damit sie nicht bei irgendjemand auf dem Teller landen.

Es scheint, man mag uns hier sehr gern. Ich habe gehört, dass sich unsere Beliebtheit sogar bis weit nach Süden auf die Bermudas erstreckt! Wussten Sie, dass es dort rosafarbenen Sand gibt? Maine ist sehr hübsch, aber ich würde gern in rosa Sand spielen. Rosa ist meine Lieblingsfarbe, neben hellblau. Ich sammle gern Strandglas. Meine Sammlung wächst, aber ich muss sie gut aufbewahren, sonst wäscht die Flut sie an den Strand.

Es nimmt zwar einige Zeit in Anspruch, alle Teile dieses Hummermusters auszuschneiden und in Position zu heften, aber es macht Spaß und es wird Ihnen gefallen. Dieses zauberhafte Exemplar ist nicht essbar, also heben Sie die Butter und Zitronen für eine andere Mahlzeit auf und zücken Sie stattdessen die Nähnadel!

FERTIGE LÄNGE: 33 cm

SIE BRAUCHEN

Schablonen (Seite 118) • Stoff: 2 Fat Quarter (ca. 50 cm × 55 cm) (oder 3, um abzuwechseln) • Füllung • 2 Pfeifenreiniger als Antennen (optional) • Stickgarn oder 2 runde Perlen für die Augen (optional) • Nähgarn • Einfaches Nähwerkzeug (Seiten 8–10)

SCHWANZ UND BAUCH

1. Bereiten Sie zunächst die Oberseite des Hummerschwanzes mit den Messerfalten vor, indem Sie eine Fotokopie des Schwanzmusters als Vorlage ausschneiden und das größte Stoffteil zur Hand nehmen. Die Messerfalten zeigen alle in die gleiche Richtung, werden aber hin und zurück gefaltet. Flach variiert die Breite der Messerfalten zwischen gut 2,5 cm und ca. 10 mm. Nach dem Abschluss sind alle Falten 10 mm breit, wobei die obere und untere Kante des Teils eine zusätzliche Nahtzugabe bekommen.

2. Legen Sie die Vorlage bündig mit der kurzen Kante auf den Stoff. Ziehen Sie am Ende der ersten blauen Markierung (bei 2,9 cm) eine Linie quer über den Stoff. Falten Sie den Stoff an dieser Linie und bügeln Sie ihn so, mit den linken Seiten zueinander.

3. Die nächste Falte folgt in einem Abstand von 10 mm, wobei sich die rechten Seiten berühren. Sie können wieder die Vorlage auf den Stoff legen und diese Linie visuell markieren. Ziehen Sie den Stoff dann über die Vorlage, um ihn an der Linie auszurichten. In Position heften.

Wenn Sie die Vorlage an der oberen Stoffkante anlegen, sollte die auf der ersten Linie bei 2,9 cm liegen. Die Unterseite sollte bei der 10-mm-Linie auskommen.

4. Schlagen Sie vor dem nächsten Schritt das oberste Segment der Vorlage unter, da die erste Falte etwas kleiner als die anderen ist.

5. Markieren und bügeln Sie am Ende der zweiten blauen Markierung bei 3,2 cm eine Linie über den Stoff. Wenn Sie den Stoff zurückschlagen, ziehen Sie diese Falte wie im vorherigen Schritt über die Vorlage.

6. Falten, bügeln und heften Sie weiter jede Falte, wie in den vorherigen Schritten. Am Ende müssen Sie fünf Falten haben, die von vorn bis hinten den Linien der Vorlage folgen. Schneiden Sie überschüssigen Stoff weg, wenn Sie mit einem Stück begonnen haben, das länger als 26 cm ist. Legen Sie das gefaltete, geheftete Teil beiseite.

7. Bereiten Sie jetzt das Bauchteil für den Hummer vor. Nehmen Sie den Stoff und schlagen Sie die obere Kante 2 cm um, sodass die linken Seiten aufeinanderliegen, und nähen Sie bei 3 mm eine Linie über die Falte. Dies entspricht einem Steppstich.

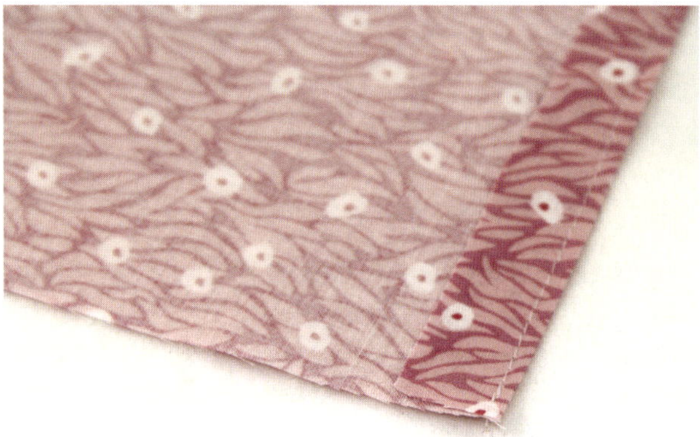

8. Schlagen Sie diesen ersten Abschnitt wieder auf, falten Sie den Stoff erneut 2,5 cm weiter und steppen Sie diese nächste Falte. Die Breite des Stoffs bleibt gleich, während sich die Länge verkürzt.

9. Wiederholen Sie Schritt 8, bis Sie vier gesteppte Falten haben. Bügeln Sie nach vorn.

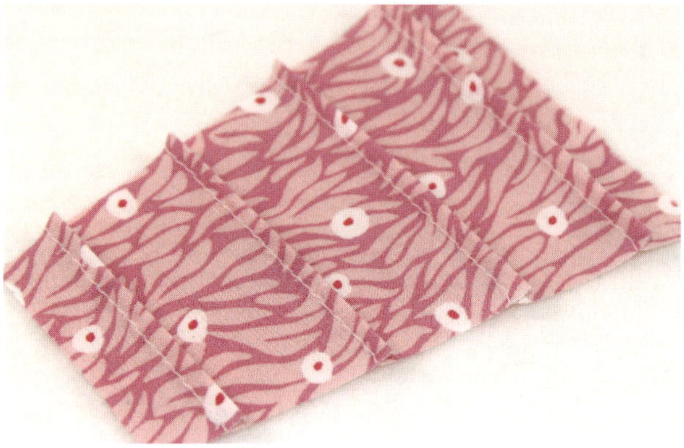

10. Richten Sie mit dem Musterteil für die Schwanzunterseite die Nähte an den Linien aus und schneiden Sie den gesteppten Stoff zu. Behandeln Sie dieses Teil nach dem Schneiden vorsichtig, damit die Steppnähte nicht aufgehen, und legen Sie es beiseite.

11. Nähen Sie alle Teile für den Hummerschwanz (mit Seitenanhängen) zusammen, indem Sie jeweils zwei gleiche Teile mit rechts aufeinanderlegen und von einer Ecke um die Kurve herum bis zur anderen nähen. Lassen Sie die geraden Kanten zum Wenden offen. Kerben Sie die runden Kanten ein und drehen Sie alle Teile auf rechts.

12. Richten Sie die Schwanzteile so aus, dass die schiefen längeren Teile außen liegen, die kürzeren innen und das spitze Teil in der Mitte.

13. Legen Sie die Teile so übereinander, wie Sie am fertigen Hummer aussehen sollen. (Ich habe bei vielen Hummerteilen jeweils das gleiche Motiv aus dem Stoff ausgeschnitten („Fussy Cut") und den Tintenfisch auf der mittleren Flosse positioniert). Heften Sie die Flossen zusammen und legen Sie den Schwanz beiseite.

14. Zum Zusammenfügen des Hummerschwanzes nähen Sie zunächst das Innenteil mit den rechten Seiten aufeinander entlang der gebogenen Kante. Kerben Sie dann die gebogene Kante, die jetzt die Mittelnaht ist, ein. HINWEIS: Es ist Ihnen vielleicht bei manchen Fotos aufgefallen, dass ich den Stoff eingeschnitten habe, wo ich ihn hätte einkerben sollen. Das liegt daran, dass ich früher alles eingeschnitten habe, aber heute weiß, dass es nicht bei allen Kurven ideal ist.

15. Schlagen Sie das Teil auf und legen es mit rechts nach unten auf die glatte Schwanzunterseite, die mit rechts oben zeigen sollte. Suchen Sie die Mitte des glatten Teils und heften Sie die vordere und hintere Mittelnaht bei diesen Markierungen fest.

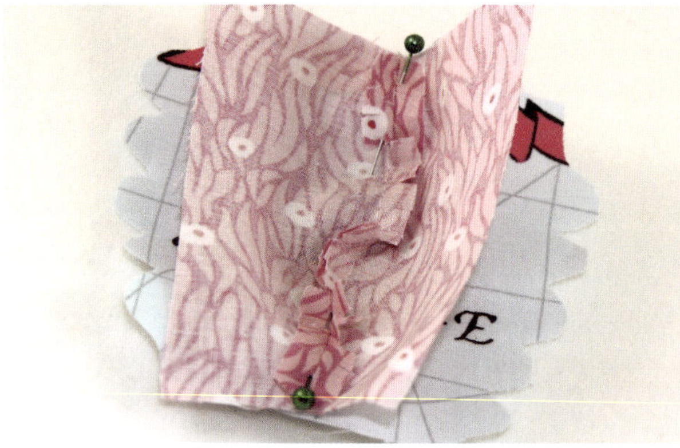

16. Nähen Sie die vordere Kante des inneren Schwanzteils 1,3 cm von den Außenkanten nach innen, bis zu dem glatten Stoff darunter.

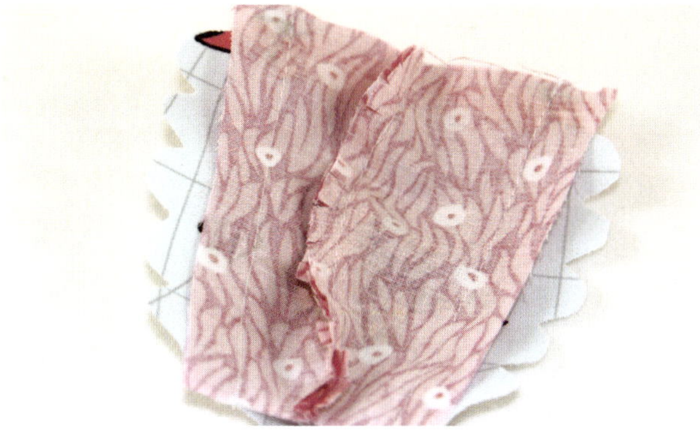

17. Drehen Sie dies auf rechts und schlagen Sie die gebogenen Kanten nach innen, damit sie im nächsten Schritt nicht eingenäht werden.

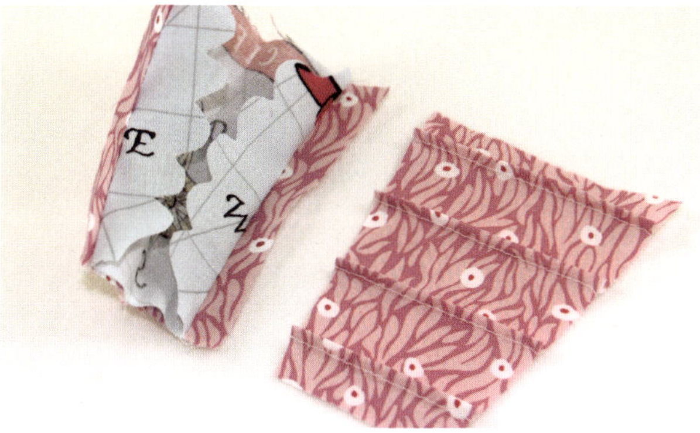

18. Legen Sie das innere Schwanzteil auf das gesteppte Bauchteil und nähen Sie die Seiten mit 6 mm Nahtzugabe. Drehen Sie die Teile auf rechts.

19. Legen Sie die Flossen so, wie Sie sie in Schritt 13 angeordnet haben, auf das schmale Ende der Schwanzunterseite mit den Schnittkanten aufeinander, und heften Sie sie in Position.

20. Drehen Sie das gesamte Teil auf das Schwanzteil mit den Falten. Achten Sie darauf, die vordere und hintere Kante sowie die Kerben an jeder Falte auszurichten.

21. Nähen Sie von der oberen rechten Ecke entlang jeder Kerbe um das hintere Ende herum, sodass Sie die Flossen einnähen, und auf den anderen Seiten entlang der Kerben zurück. Verwenden Sie in den engen Kurven eine kleinere Nahtzugabe (3 mm), aber die untere gerade Kante sollte die übliche Nahtzugabe von 6 mm haben.

22. Schneiden Sie überschüssigen Stoff weg und versäubern Sie. Kerben Sie dann sorgfältig die äußeren Kurven ein und schneiden Sie zwischen jeder Kurve ein.

23. Drehen Sie den gesamten Schwanz auf rechts, drücken Sie schließlich vorsichtig alle kleinen Kurven heraus.

ARME/SCHEREN

2 Stück

1. Schneiden Sie die Teile der Armmuster aus.

2. Legen Sie zunächst die zwei Teile der kleineren Schere („Daumen") mit rechts aufeinander und nähen Sie eine Seite hoch bis zur Spitze und auf der anderen Seite zurück (3 mm Nahtzugabe). Lassen Sie die gerade Kante offen und schneiden Sie die Nahtzugabe ein. Auf rechts drehen und ausstopfen.

3. Legen Sie die restlichen Teile der Hummerarme (große Schere, Ellenbogen und Bizeps) in der Reihenfolge hin, in der sie verbunden werden (siehe Zeichnung).

4. Nähen Sie Bizeps und Ellenbogen mit rechts aufeinander zusammen.

5. Nähen Sie die andere Kante des Ellenbogens und die untere Kante der Schere mit rechts aufeinander zusammen.

6. Legen Sie den „Daumen" so, dass er auf der Innenseite der Schere liegt und die Wölbung vom Ellenbogen wegzeigt. Heften Sie ihn so, dass die Schnittkanten übereinander liegen.

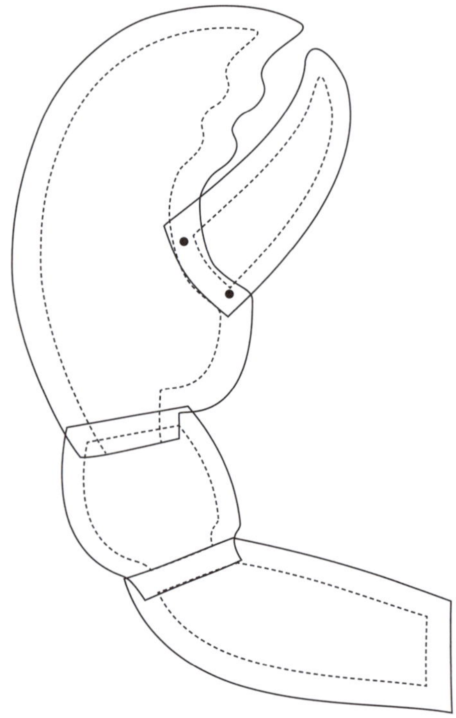

Anordnung der Armteile des Hummers

Tipp Wenn die Anatomie des Hummers möglichst wirklichkeitsgetreu sein soll (in der Natur ist immer eine der Scheren größer als die andere), können Sie den Öffnungswinkel der Schere dadurch anpassen, dass Sie den „Daumen" unterschiedlich anordnen. Sie können auch eine Schere kleiner als die andere machen, indem Sie eine größere Nahtzugabe arbeiten, damit sie dünner wird. Machen Sie den Ellenbogen oder Bizeps nicht kleiner, da es sonst schwierig wird, sie umzudrehen und auszustopfen.

7. Wiederholen Sie Schritte 3–5, um die Unterseite des Hummerarms zu nähen (ohne Daumen).

8. Legen Sie die Oberseite des Hummerarms (mit rechts nach unten) auf die Unterseite des Hummerarms (mit rechts nach oben) und nähen Sie rundherum. Lassen Sie nur das Ende des Bizeps zum Wenden und Füllen offen.

9. Schneiden und kerben Sie die Nahtzugabe um den genähten Arm herum ein, vor allem in den engen Winkeln.

10. Drehen Sie die Schere und den Arm auf rechts, indem Sie zunächst die Spitze der Hummerschere mit einer Wendehilfe ein wenig eindrücken.

11. Ziehen Sie den Daumen mithilfe einer Klemmnadel hinaus. Seien Sie dabei vorsichtig, um den Daumen nicht herauszureißen.

12. Wenn der Arm vollständig auf rechts gedreht ist, stopfen Sie vorsichtig die Schere, den Ellenbogen und Bizeps aus und legen alles beiseite.

ANTENNEN UND SCHREITBEINE

1. Schneiden Sie die Musterteile für die Beine und Antennen aus. Nähen Sie jede Antenne auf einer Seite bis zur Spitze und auf der anderen Seite zurück (mit rechts aufeinander). Sie müssen breit genug für die kleinste Wendehilfe sein, also passen Sie die Nahtzugabe entsprechend an (ca. 3 mm).

2. Drehen Sie jede Antenne auf rechts.

3. Geben Sie einen Pfeifenreiniger in jede Antenne. Wenn Sie die Spitze des Pfeifenreinigers etwas biegen und zusammendrücken, verhindern Sie, dass das Metall den Stoff beschädigt und so lässt er sich leichter einführen. Das andere Ende des Pfeifenreinigers sollte so gebogen werden, dass es sicher im Körper des Hummers hält.

4. Bereiten Sie alle „Schreitbeine" vor, indem Sie jeweils zwei Beinteile mit rechts aufeinander zusammennähen, die Ränder einschneiden und -kerben und sie auf rechts drehen. (Die Nahtzugabe ist hier ebenfalls schmäler (3 mm) und sie müssen ausreichend groß für die kleinste Wendehilfe sein.)

5. Auch wenn es mehr Zeit und Mühe erfordert, stopfe ich die Beine lieber aus, aber das ist optional. Füllen Sie die Beine nicht zu fest.

ZUSAMMENFÜGEN DES HUMMERS

1. Legen Sie das Rückenteil des Hummers mit rechts nach oben. Heften Sie eine Antenne, einen Arm und vier Beine an einer Seite des Rückens fest. Wenn Sie die Beine positionieren, legen Sie das erste in der Nähe des Arms so, dass die Zehen nach vorn zeigen. Bei den beiden mittleren Beinen zeigen die Zehen nach oben in die Luft, weshalb sie nach unten zeigend angenäht werden. Beim letzten Bein zeigt der Zeh zum Rücken des Hummers.

2. Heften Sie jetzt die andere Antenne, den anderen Arm und vier Beine auf der anderen Seite des Rückens fest.

3. Legen Sie das Brustteil mit dem Gesicht nach unten auf das Rückenteil und nähen Sie die Seiten zu, sodass die Scheren und Beine eingefasst sind und aus der Brusthöhle baumeln. Die Scheren und Beinen sollten alle am Bauchende herauskommen. Sie können jedoch eine der Scheren oben durchziehen, um mehr Platz zu haben. Dieser Schritt ist schwierig, aber lassen Sie sich nicht entmutigen – es lohnt sich.

4. Wenn die zweite Seite größtenteils sicher vernäht ist, holen Sie den Arm/die Schere wieder nach unten, bevor Sie den Rest bis zur Spitze der „Nase" zunähen.

5. Wenn Sie das Brustteil vollständig bis zur Spitze an den Antennen vorbei zugenäht haben, sollten Sie etwas Stoff von der Rückseite der Nasenspitze übrig haben. Wie Sie am Musterteil sehen, hat die Rückseite oben eine flache, etwa 2,5 cm lange Kante. Wenn Sie diese in der Mitte mit links aufeinander falten, müssen Sie die 1,3 cm lange Kante zunähen, von der vorderen Falte bis zur Brustteil-Verbindung. Das ist die Nase.

6. Wenn die Nase genäht wurde und alle Antennen, Arme und Beine gesichert sind, drehen Sie den Hummer auf rechts. Jetzt haben Sie die vordere Hälfte und das hintere Ende des Hummers.

7. Schlagen Sie den Schwanz auf den Rücken des Hummers um, sodass die Schnittkanten aufeinander liegen. Richten Sie die Mitte des Rückens und des Schwanzes aneinander aus und heften Sie alles in Position. Die Seitennähte treffen sich nicht, da der Schwanz breiter ist, und winden sich in Richtung Bauch. Sie können dennoch sicherstellen, dass die Seiten den gleichen Abstand haben.

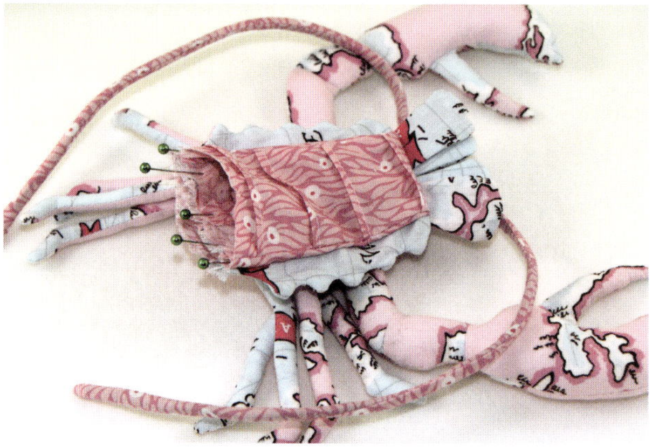

8. Nähen Sie möglichst viel der „Taille" von einer Seitennaht des Rückens zur anderen, damit Sie am Bauch weniger mit der Hand zu nähen haben.

9. Schlagen Sie den Schwanz nach dem Nähen wieder zurück und füllen Sie die Brusthöhle und den Schwanz nach Belieben durch die Öffnung zwischen Bauch und Schwanz.

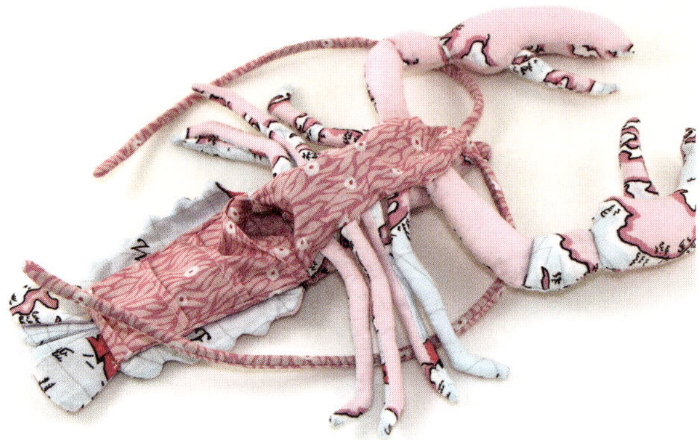

10. Schließen Sie die Bauchöffnung mit einer Zaubernaht.

11. Wenn Sie möchten, können Sie dem Hummer mit Nadel und Stickgarn (siehe Seite 17) oder mit schönen runden Perlen (siehe Seite 16) Augen machen.

Bob, die Boje

Mein Name ist Bob und ich bin eine Boje. Ich habe viele Jahre vor der Küste von Greenport verbracht, wo ich mit den Gezeiten auf dem Wasser auf- und abgetanzt bin. Die Hummerfischer kamen jeden Tag im Morgengrauen, um nach mir zu sehen. Ich habe ihnen dann immer zugerufen: „Hier rüber, hier bin ich." Sie haben mich immer gehört und kamen heran, um mich dann vorsichtig aus dem Wasser zu heben. Ich war an einer großen Holzfalle befestigt und habe ihnen geholfen, Hummer zu fangen. Wenn sie die Falle geleert hatten, haben sie sie zurück ins Wasser geworfen und mich dazu. Dann haben sie mich immer gebeten, für sie „ein Auge auf die Falle zu haben". Und das habe ich gemacht.

Nach vielen Jahren, die ich bei Wind und Wetter auf offener See verbracht habe, wurde ich schließlich zum letzten Mal aus dem Wasser gezogen. Meine Arbeit war beendet, deshalb habe ich mich zur Ruhe gesetzt und bin jetzt im Kreise meiner Freunde zu bewundern.

Ausgediente Bojen sieht man häufig in Küstenstädten, wo sie Hummerrestaurants oder Briefkästen zieren. Machen Sie mehrere Bojen als Kissen für Ihr Bett oder die Couch oder gleich eine ganze Wand voll. Sie werden der Versuchung nicht widerstehen können, Ihre Kreativität auszuleben und die unterschiedlichsten Farbkombinationen auszuprobieren.

FERTIGE LÄNGE: Die Länge variiert je nach Anzahl und Breite der verwendeten Streifen. Die Abbildung zeigt Bojen von 54,5 cm mit Stange bis zu 25,5 cm ohne Stange

SIE BRAUCHEN

Schablonen (Seite 119) • Stoff: 0,50 m oder 2-3 Fat Quarter (ca. 50 cm × 55 cm) (zur Abwechslung) pro Boje • Füllung • 1,50 m Polyesterseil (aus dem Baumarkt) pro Boje (optional) • Nähgarn • Einfaches Nähwerkzeug (Seiten 8-10)

Tipp Dieses Muster bietet viel Raum für Kreativität. Sie können die Farben frei wählen, die Länge der Boje variieren, eine Stange hinzufügen oder nur ein Seil verwenden oder beides. An der Ostküste der USA haben die meisten Bojen eine Stange an einem Ende, manchmal sogar an beiden, da man sie so besser aus dem Wasser fischen kann.

ANLEITUNG

1. Schneiden Sie zunächst lange Stoffstreifen (bis zu 56 cm lang) in beliebigen Breiten zu (quer zur Stoffrichtung, damit die Streifen ein wenig nachgeben). Ich habe Streifen in den Breiten 12,5 cm, 10 cm und 7,5 cm verwendet. Abwechslung ist gut, also kombinieren Sie nach Lust und Laune und verändern Sie auch die Breite der Streifen.

2. Nähen Sie die langen Kanten der Streifen mit rechts aufeinander zusammen. Nähen Sie so viele Streifen zusammen, wie Sie möchten. Ordnen Sie sie in einem bestimmten Muster oder willkürlich an.

3. Nach dem Zusammennähen der Streifen drehen Sie diese um und bügeln die Nahtzugaben in Richtung der dunkleren Farbe(n).

Tipp Wenn Sie weißen oder hellen Stoff mit dunklen Farben kombinieren, sollten Sie die Nahtzugabe in Richtung des dunkleren Stoffs bügeln, denn sonst scheint sie nach dem Ausstopfen und Abschluss durch den helleren Stoff durch.

4. Optional: Steppen Sie die Nahtzugabe, um sie zu fixieren, damit sie beim Ausstopfen nicht verrutscht. Den Steppstich können Sie in der gleichen Farbe oder einer Kontrastfarbe nähen.

5. Falten Sie das genähte Teil zweimal in der Mitte. Achten Sie darauf, die Nähte so auszurichten, dass alle Teile gerade ausgeschnitten werden. Heften Sie das Bojenmuster auf die oberste Lage und schneiden Sie die vier Teile des Musters aus.

6. Legen Sie zwei Teile der Boje mit rechts aufeinander und nähen Sie die Seitennaht vom Ende bis zur Mitte der Spitze zu. Achten Sie darauf, die Nähte auszurichten.

Tipp Wenn Sie ein Seil verwenden, nähen Sie nicht ganz bis zur Spitze. Lassen Sie mindestens 6 mm oder 1,3 cm, je nach Stärke des Seils übrig (siehe Schritte „Seil am oberen Ende anbringen" auf Seite 66).

7. Schlagen Sie die Teile auf und nähen Sie einen weiteren Abschnitt der Boje mit den rechten Seiten aufeinander an eines der ersten Teile.

8. Schlagen Sie das dreigliedrige Teil auf und nähen Sie den letzten Abschnitt am dritten Streifen fest.

9. Verbinden Sie den ersten und den letzten Streifen mit rechts aufeinander liegend und schließen Sie die Naht. Lassen Sie in der Mitte der Bojenkante mindestens 5 cm zum Wenden und Ausstopfen. Legen Sie die Boje beiseite, um die Stange zu machen. (HINWEIS: Wenn Sie keine Stange hinzufügen möchten, gehen Sie zum Abschnitt „Nur Seil verwenden (keine Stange)" auf Seite 66.)

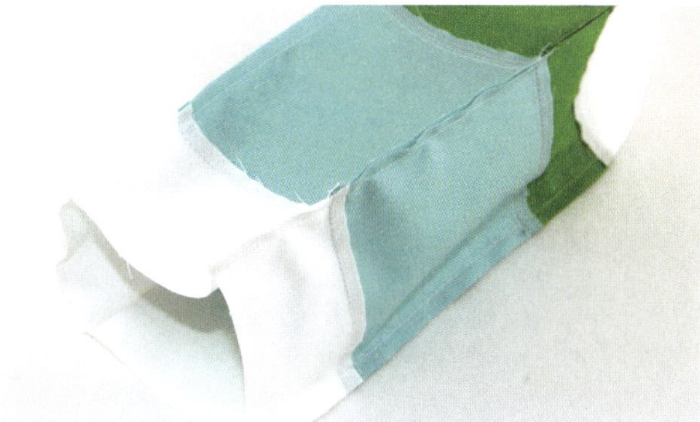

STANGE VERWENDEN (OPTIONAL)

1. Schneiden Sie das Stoffteil für die Bojenstange zu und falten Sie es der Länge nach (sodass es schmal und lang ist), mit rechts aufeinander.

2. Bügeln Sie ein Ende der Stange so, dass Sie vier Bügelfalten haben: jeweils eine oben und unten und auf beiden Seiten.

3. Falten Sie das Teil für die Stangenspitze zweimal in der Mitte und bügeln Sie es. Richten Sie die vier Bügelmarkierungen an denen am Stangen-Ende aus, mit rechts zusammen, und heften Sie sie in Position. Heften Sie den Rest ebenfalls dazwischen.

4. Nähen Sie rundherum und entfernen Sie dabei die Stecknadeln.

5. Kerben Sie die gewölbte Kante am Stangen-Ende ein und drehen Sie das Teil auf rechts.

6. Schneiden Sie das Teil für die Unterseite der Boje zu und falten Sie den Kreis zweimal nacheinander in der Mitte. Schneiden Sie die Spitze ab. Schneiden Sie nicht zu viel ab, sonst wird die Öffnung zu groß und weit.

7. Bügeln Sie die Falten auf der Unterseite der Boje und am Ende der Stange.

8. Legen Sie den inneren Ausschnitt der Unterseite um den äußeren Umfang der Bojenstange, mit rechts aufeinander, und richten Sie die Falten aneinander aus. In Position heften.

9. Nähen Sie einmal um den Innenkreis auf der Unterseite der Boje herum und entfernen Sie die Stecknadeln.

10. Platzieren Sie die Stange in der immer noch auf links gedrehten Boje, sodass die rechten Seiten zueinander zeigen.

11. Richten Sie die Falten auf der Unterseite an den Nähten der Boje aus, heften Sie sie in Position und nähen Sie sie fest.

12. Schneiden oder kerben Sie die Kante und den Innenkreis der Unterseite sowie der gebogenen Spitze der Boje ein.

13. Drehen Sie die Boje nach und nach auf rechts, indem Sie zunächst die Stange vorsichtig durch die Öffnung ziehen und dann die gesamte Boje wenden.

14. Stopfen Sie die Bojenstange und dann die Boje selbst nach Belieben und schließen Sie die Öffnung mit einer Zaubernaht.

SEIL AM OBEREN ENDE ANBRINGEN

1. Wenn Sie oben ein Seil durch die Boje ziehen möchten, lassen Sie einfach die letzten 6 mm bis 1,3 cm am spitzen Ende der Boje beim Nähen aus.

2. Bevor Sie die Boje auf rechts drehen, ziehen Sie das Seil durch die seitliche Öffnung und die Öffnung an der Spitze, sodass etwa 2,5 cm herausschauen.

3. Nähen Sie von Hand im Steppstich einmal um die Spitze herum durch den Stoff und durch das Seil.

4. Um die Verbindung zu verstärken, führen Sie die Nadel mehrmals von einer Seite zur anderen durch das Seil, bevor Sie den Faden verknoten.

5. Ziehen Sie das Seil und die Spitze der Boje durch die Öffnung, um auf rechts zu wenden, und beenden Sie die Boje mit Schritt 14 des letzten Abschnitts.

NUR SEIL VERWENDEN (KEINE STANGE)

1. Schneiden Sie das Teil für die Unterseite der Boje aus und falten Sie den Kreis in Viertel. Bügeln Sie die Falten und Mitte an oder markieren Sie sie. Schneiden Sie ein kleines Loch in Form eines Plus-Zeichens in die Mitte (sehr klein, da es sich leicht dehnt).

2. Richten Sie die äußeren Faltenmarkierungen an den Bojennähten aus und heften und nähen Sie das Teil dann in Position (die Boje sollte noch mit der linken Seite nach außen zeigen).

3. Ziehen Sie das Seil so durch die seitliche und die obere Öffnung, dass das oben überstehende Stück lang genug ist, um durch die Boje zu reichen, nachdem diese auf rechts gedreht wurde, und unten mindestens 25 cm für einen Knoten und oben etwa 1,1 m bleiben, um die Boje aufzuhängen.

4. Folgen Sie den Schritten 3–4 in der Anleitung „Seil am oberen Ende anbringen".

5. Bevor Sie die Boje auf rechts drehen, kerben Sie die Nahtzugabe um die gewölbte Spitze der Boje und die Kante der Unterseite herum ein. Nach dem Wenden auf rechts sollte das kürzere Stück des Seils in der Boje sein und aus dem kleinen Loch in der Mitte der Unterseite austreten.

6. Stopfen Sie die Boje von oben her aus und achten Sie darauf, dass das Seil in der Mitte bleibt.

7. Nähen Sie die Unterseite der Boje mit einem versteckten Steppstich am Seil fest.

8. Machen Sie unterhalb der ausgestopften Boje einen Knoten in das Seil. Schließen Sie die Seite der Boje mit einer Zaubernaht.

Finn, der Delfin

Finn ist ein einjähriger Tümmler, der letzten Sommer in einem nahegelegenen Aquarium zur Welt kam. Er führt für sein Leben gern Kunststücke vor. Am liebsten springt er durch Reifen und drückt Bälle unter Wasser. Er versucht immer eifrig, nach oben zu schwimmen und die Wasseroberfläche zu durchbrechen, bevor der Ball wieder auftaucht. Wenn er schneller als der Ball ist, bekommt Finn jedes Mal eine Extraportion Fisch als Belohnung. Und Fisch ist seine Leibspeise!

Heute werden Finn und seine Mama in die Freiheit des weiten Ozeans entlassen, wo sie hingehören. Finns Mama wurde verletzt, als sie sich in den Netzen eines Fischers verfing. Kurz nach ihrer Ankunft im Aquarium, wo sie gesund gepflegt werden sollte, brachte sie Finn zur Welt. Er fürchtet sich ein wenig vor dem, was ihn außerhalb des schützenden Aquariums erwartet, aber er kann es kaum erwarten, neue Orte zu erkunden und neue Freunde in den Tiefen des Ozeans kennenzulernen.

Dieses Muster ist so einfach und schnell zu nähen, dass Sie vermutlich bald schon einen ganzen Delfinschwarm haben werden. Sie können einen kleineren Delfin zum Spielen machen oder einen größeren zum Kuscheln.

FERTIGE LÄNGE: ca. 15 cm und 25,5 cm

SIE BRAUCHEN

Schablonen (Seite 120) • Stoff: 1 Fat Quarter (ca. 50 cm × 55 cm) oder 2 Fat Quarter für mehr Abwechslung (reicht für Finn und seine Mutter) • Füllung • Nähgarn • Einfaches Nähwerkzeug (Seiten 8–10)

ANLEITUNG

1. Zeichnen Sie das Muster des Delfins auf den Stoffen Ihrer Wahl nach und schneiden Sie die Teile aus.

2. Legen Sie die Seitenteile des Delfins mit rechts aufeinander und nähen Sie von der Nase über die Rückenflosse bis zur Schwanzflosse. Legen Sie das Teil beiseite.

3. Nehmen Sie zwei Teile der Brustflosse und nähen Sie sie mit rechts aufeinander zusammen. Wiederholen Sie den Vorgang für die zweite Brustflosse.

4. Schneiden oder kerben Sie die Ecken sorgfältig ein und drehen Sie die Flossen auf rechts.

5. Legen Sie die Bauchteile des Delfins mit rechts aufeinander und nähen Sie dann an der geraden Kante von der Nase etwa 5 cm in Richtung Bauch bzw. etwa 10 cm beim Muttertier. Nähen Sie dann von der Schwanzflosse knapp 4 cm (bzw. 9 cm bei der Mutter) in Richtung Bauch. In der Mitte bleibt eine ca. 5 cm bzw. 7,5 cm (Mutter) große Öffnung zum Wenden und Ausstopfen.

HINWEIS: Wenn der Delfin keine Fingerpuppe sein soll, schließen Sie diese Naht vollständig und überspringen Sie die Schritte 6–8.

6. Nehmen Sie die Teile für die Fingerhöhle und legen Sie sie mit rechts aufeinander. Schlagen Sie nur am oberen Teil 6 mm der geraden Kante um und lassen Sie die andere Kante ungefaltet.

7. Nähen Sie von einer Ecke um die Fingerform herum bis zur anderen Ecke und lassen Sie die gerade Kante offen.

8. Legen Sie die flache Schnittkante des nicht gefalteten Fingerteils an die gerade Kante der Bauchöffnung, mit rechts aufeinander. Nähen Sie dieses Teil nur auf einer Seite fest. Es wird erst ganz am Ende mit der anderen Seite verbunden, wenn der Bauch nach dem Ausstopfen geschlossen wird.

9. Heften Sie die Schnittkante der Brustflossen so an die Außenkante der Bauchteile, dass die obere Seite der Flosse 5 cm von der Nasenspitze entfernt ist (10 cm bei Mama) und die Spitzen der Brustflossen nach unten in Richtung Schwanzflosse zeigen.

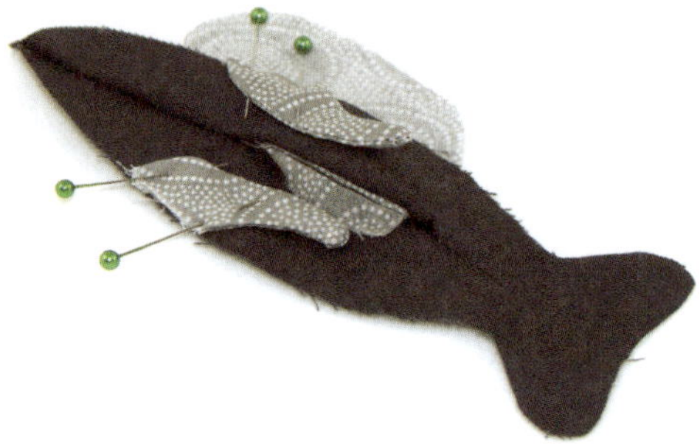

10. Die Bauchteile zeigen mit rechts nach oben. Legen Sie das Oberteil des Delfins mit der rechten Seite nach unten. Legen Sie die Nähte aneinander und heften Sie die Nase und den Schwanz in Position.

11. Nähen Sie vollständig um den Delfin herum, von der Spitze der Nase, um den Körper herum und zurück bis zur Nase.

12. Schneiden oder kerben Sie alle Ecken und die Nahtzugabe um den Schwanz und die Rückenflosse herum ein.

13. Drehen Sie die Flossen vorsichtig auf rechts, gefolgt von der Nase des Delfins.

14. Ziehen Sie den Fingerbeutel aus dem Inneren hervor, damit er nicht stört.

15. Füllen Sie zunächst die Nase des Delfins, die Rückenflosse und die Schwanzflosse. Stopfen Sie dann den Körper aus, aber nicht zu fest, damit der Fingerbeutel noch hineinpasst.

16. Stecken Sie den Fingerbeutel zurück in den Delfin und achten Sie darauf, dass er nicht zusammengeknüllt ist.

17. Schließen Sie die Öffnung mit einer Zaubernaht. Schließen Sie zunächst ein Ende. Wenn Sie den Fingerbeutel erreichen, nähen Sie nur die Kante des Delfins bis zum ungenähten Beutelrand. Nähen Sie dann das andere Ende an der Fingerkante vorbei, um den Bauch vollständig zu schließen.

3

Arktische Abenteuer

Jeden Sommer reise ich mit meinen Töchtern in den Süden, um meine Zwillingsschwester und ihre Söhne zu besuchen. Während es draußen drückend heiß ist, beschert uns die Klimaanlage im Haus Temperaturen, die nach einer warmen Jacke verlangen! Bei diesem Kapitel habe ich mich von meinen Neffen mit ihren wilden, fantasievollen Abenteuern in ihrer ganz eigenen arktischen Welt inspirieren lassen.

Bärenfreunde: SCHNEEFLOCKE & EISBLÜMCHEN

Schneeflocke und Eisblümchen tollen herum und erfreuen sich daran, das erste Mal Schnee auf ihren Tatzen zu spüren. Sie sind genauso weiß wie der Schnee, der sie umgibt, und von Weitem sind sie kaum zu erkennen, weil sie so klein sind. Manchmal haben sie einen leichten Blauschimmer, wie Eis, wegen ihres besonderen Pelzes.

Die übermütigen kleinen Eisbären spielen für ihr Leben gern Verstecken, während ihre Mutter auf Futtersuche ist, um die beiden nach dem langen Winterschlaf zu füttern. Sie versuchen, ganz leise zu sein, wie ihre Mama es ihnen gesagt hat, aber manchmal rufen sie doch nach ihr, weil sie sie vermissen, während sie unterwegs ist. Es ist gut, dass sie sich gegenseitig Gesellschaft leisten können, bis sie wieder da ist!

Die Eisbärenjungen passen in den Rucksack oder die Hosentasche Ihres Kinds. Sie kommen überall hin mit und beschäftigen kleine Geister, die sich langweilen. Machen Sie noch ein Iglu dazu, indem alle spielen können, und stundenlanger Spaß ist garantiert.

FERTIGE LÄNGE: 11,5 cm

SIE BRAUCHEN

Schablonen (Seite 121) • Stoff: 1 Fat Eighth (ca. 25 cm × 55 cm) pro Bärenjungem • Füllung • Stickgarn • Nähgarn • Einfaches Nähwerkzeug (Seiten 8-10)

ANLEITUNG

1. Schneiden Sie alle Teile des Eisbärenmusters aus dem Stoff Ihrer Wahl aus.

2. Nähen Sie beide Ohren, die Beine und den Schwanz, indem Sie je zwei gleiche Teile mit rechts aufeinander legen und von einem Ende bis zum anderen nähen. Lassen Sie die gerade Kante zum Wenden offen.

3. Schneiden oder kerben Sie die Nahtzugabe an allen Ecken und Kurven ein, ohne die Nähte zu beschädigen.

4. Drehen Sie mit einer Wendehilfe alle Teile auf rechts.

5. Stopfen Sie die Beine nach Belieben aus, aber nicht zu fest.

6. Legen Sie eines der Bauchteile mit rechts nach oben.

7. Legen Sie einen Arm mit einem gebogenen Ende auf das Bauchteil, mit den rechten Seiten zueinander. Richten Sie die gebogenen Schnittkanten aus und heften sie in Position.

8. Wiederholen Sie Schritt 7 mit dem anderen Arm und dem Bauchteil.

9. Legen Sie die beiden Bauchteile mit rechts aufeinander und nähen Sie die Mittelnaht von oben nach unten zu.

10. Heften Sie den Schwanz auf der rechten Seite eines der beiden Rückenteile fest. Er kann flach ausgelegt oder gefaltet werden (wie abgebildet), sodass er naturgetreuer aussieht.

11. Legen Sie das andere Rückenteil mit rechts nach unten darauf und schließen Sie die Naht, die über das Rückgrat verläuft.

12. Schlagen Sie das Rückenteil auf und richten Sie die Armrückseite mithilfe des vorderen Bauchmusterteils an der geraden Schnittkante aus. Heften Sie die Arme in Position. Entfernen Sie das Bauchmusterteil, das der Orientierung gedient hat.

13. Nähen Sie die Rückseiten der Arme seitlich am Rücken an.

14. Heften Sie die Beine 1,5 cm von der Mitte der unteren Naht entfernt so in Position, dass die Beine nach innen zum Schwanz zeigen und die Schnittkanten aufeinanderliegen.

15. Wenn die Rückseite des Eisbärenjungen zusammengenäht und geheftet ist, legen Sie die Vorderseite des Bären darauf und heften alles mit den rechten Seiten aufeinander zusammen.

Tipp Heften Sie zunächst die Arme, dann den Hals, die unteren Mittelnähte und Achselhöhlen und dann nach Bedarf.

16. Nähen Sie von einer Seite des Halses um den ganzen Bär herum bis zur anderen Seite. Lassen Sie den Hals zum Wenden und Ausstopfen offen.

17. Legen Sie ein seitliches Kopfteil mit rechts nach oben und geben Sie das obere Kopfteil mit der rechten Seite nach unten zeigend und seitlich darauf. Schließen Sie die Gesichtsnaht.

18. Schlagen Sie die beiden Teile auf und legen Sie das andere seitliche Kopfteil auf der gegenüberliegenden Seite des oberen Kopfteils an.

19. Schließen Sie die andere Gesichtsnaht.

20. Falten Sie das Gesicht in der Mitte, mit rechts aufeinander, und nähen Sie die beiden Teile unten vom Hals bis hinauf zum Nasenrücken.

21. Es bleibt ein winziges Loch an der Nasenspitze, das geschlossen werden muss. Streichen Sie die Unterseite der Nasennaht flach und nähen Sie gerade über die obere Nasenspitze.

22. Drehen Sie das Gesicht des Eisbären um und heften Sie die Ohren oben am Kopf fest. Richten Sie jedes mittig an den oberen Nähten aus.

23. Nähen Sie die beiden hinteren Kopfteile von oben nach unten mit rechts aufeinander zusammen.

24. Schlagen Sie die hinteren Kopfteile auf und heften Sie die Rückseite und die vorderen Kopfteile mit rechts aufeinander zusammen.

25. Nähen Sie von einer Halsecke seitlich am Kopf hinauf und über den Kopf bis zur anderen Seite und wieder hinunter zum Hals.

26. Schneiden oder kerben Sie alle genähten Kanten am Kopf ein und drehen Sie den Kopf auf rechts.

27. Schneiden oder kerben Sie alle genähten Kanten am Körper ein, auch in den Achselhöhlen und knapp oberhalb der Arme, und drehen Sie den Körper auf rechts.

28. Stopfen Sie den Kopf und Körper des Eisbären vorsichtig aus.

29. Nähen Sie den Kopf mit einer Zaubernaht um den Hals herum am Körper an. Um diesen Prozess zu vereinfachen, nehmen Sie einen Textilmarker und zeichnen 6 mm Nahtzugabe zur Orientierung an.

30. Sticken Sie mit Stickgarn (siehe Seite 17) ein Paar Augen und deuten Sie mit ein paar einfachen Stichen die Nase an.

Bobo, das Iglu

Hier am Polarkreis gibt es Tage, an denen die Sonne nicht aufgeht. Es ist den ganzen Winter über dunkel und kalt, aber ich, Iglu Bobo, bin hier und biete Ihnen Schutz vor der unwirtlichen Natur. Kriechen Sie durch den Eingangstunnel. In meinem Inneren ist es warm. Wir können uns Geschichten erzählen, mollige Pullover häkeln und geduldig darauf warten, dass die Sonne eines Tages wieder aufgeht.

Wenn die Sonne schließlich am Horizont erscheint, erwacht alles zum Leben. Sie können mich zusammenfalten und ich komme mit Ihnen auf Reisen, wenn Sie nach Nahrung jagen gehen. Wir müssen aufbrechen, bevor das Eis auf den Flüssen taut. Nehmen Sie sich vor den Bären in Acht. Sie erwachen jetzt aus dem Winterschlaf und sind auch hungrig. Kommen Sie herein. Ich verstecke Sie und halte Sie warm.

In diesem arktischen Wende-Iglu warten viele Abenteuer darauf, erlebt zu werden. Es ist einfach zu machen und der Auf- und Abbau sind ebenfalls ein Kinderspiel. Sie können es also überall mit hinnehmen. Es eignet sich perfekt für das Lieblingsspielzeug, die Puppe oder das Kuscheltier eines Kinds. Sie können auch ein Iglu für kleine Haustiere machen.

FERTIGE HÖHE: ca. 17 cm

SIE BRAUCHEN

Schablonen (Seite 122) • Stoff: je 0,50 m von zwei verschiedenen Mustern • 3 Stangen: strapazierfähige 6 mm-Kabelbinder oder 6-mm-Kunststoffschlauch • 20 cm eines 6 mm breiten Bands • 15 cm × 12,5 cm schwere Vlieseinlage (Verstärkung) • Nähgarn • Einfaches Nähwerkzeug (Seiten 8–10)

Tipp Waschen und bügeln Sie Ihre Stoffe vor dem Nähen. Das Iglu ist waschmaschinentauglich, wenn es aus Baumwolle gemacht wird. Die Vorwäsche verhindert, dass es später verzieht oder spannt. Nehmen Sie überall 6 mm Nahtzugabe, mit Ausnahme der Steppnaht, die 3 mm haben sollte.

IGLUKUPPEL

1. Schneiden Sie alle Teile des Iglumusters aus dem Stoff Ihrer Wahl aus.

2. Wenn Sie lange Stoffstreifen oder Stücke verwenden, schneiden Sie für die Schlaufen der Zeltstangen zwei Streifen auf 6,5 cm × 61 cm zu. Verwenden Sie Reste, schneiden Sie alle 24 Teile für die Schlaufen auf 6,5 cm × 4 cm zu.

3. Legen Sie die Streifen mit rechts aufeinander und nähen Sie die beiden längsten Kanten zusammen. (HINWEIS: Wenn Sie mit Resten arbeiten, nähen Sie die beiden kürzeren Kanten zusammen. Sie können Zeit sparen, indem Sie die Streifentechnik verwenden [siehe Seite 12]. Sie müssen trotzdem auf jedem Teil den ersten und letzten Stich verriegeln, damit die Nähte beim Wenden nicht reißen.)

4. Drehen Sie den Streifen (oder die Teile) auf rechts und bügeln Sie ihn/sie.

5. Steppen Sie die Nähte, die Sie eben genäht haben.

6. Wenn Sie einen Streifen genäht haben, schneiden Sie diesen in knapp 4 cm breite Stücke. In jedem Fall müssen Sie 12 fertige Schlaufen mit einer Steppnaht entlang der kurzen Kante haben. Die Schnittkante sollte auf der langen Seite sein, da sie in die Nähte der Igluwände eingenäht wird. Legen Sie die Schlaufen beiseite.

7. Schneiden Sie sechs Stoffstücke für die unteren Enden der Zeltstangen auf jeweils 9 cm × 4 cm zu. Legen Sie jedes Teil mit rechts nach oben, falten es in der Mitte und nähen die kurzen Enden zusammen.

8. Falten Sie das Teil erneut in der Mitte, sodass die Faltkante an der genähten Naht liegt (wie unten links abgebildet), nicht an der Schnittkante. Schlagen Sie die Nahtzugabe unter und nähen Sie nur ein Ende zu (wie unten rechts abgebildet).

9. Auf rechts drehen. Wiederholen Sie Schritte 7–9 für die anderen fünf Stangenendteile, sodass sie insgesamt sechs haben.

10. Legen Sie zwei der Igluwände aus Stoff B (die Seite ohne Schlaufen) mit rechts aufeinander und legen Sie ein Paneel von Stoff A direkt auf die beiden Teile aus Stoff B (mit der rechten Seite nach oben).

11. Platzieren und heften Sie ein Stangenendteil mindestens 10 mm vom unteren Rand entfernt bündig mit der rechten Kante auf die übereinander liegenden Teile.

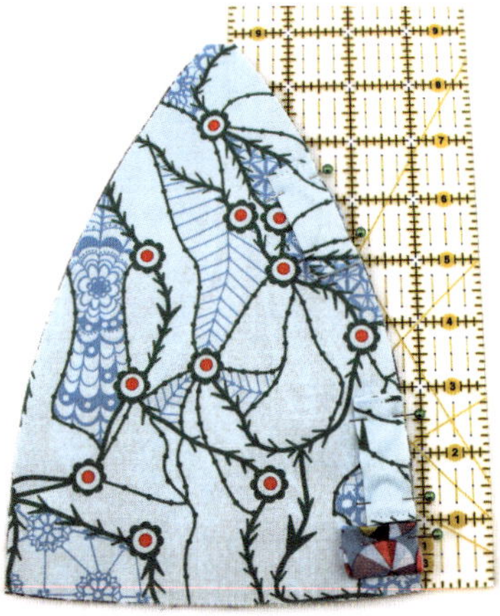

12. Falten Sie die Stangenschlaufen der Länge nach auf die Hälfte, sodass sich die Schnittkanten treffen.

13. Platzieren und heften Sie auch zwei Stangenschlaufen auf der rechten Seite des Paneels in Position, sodass die erste ca. 2,5 cm vom Boden entfernt ist und die zweite 12,5 cm. Schauen Sie sich bei Bedarf das Musterteil an, wenn Sie Hilfe bei der Positionierung benötigen.

14. Wenn alle Schlaufen geheftet sind, bedecken Sie die Paneele und Schlaufen mit einem weiteren Stück von Stoff A, das mit der rechten Seite nach unten zeigt.

15. Nähen Sie nur die rechte Seite von unten bis zur Mitte der Spitze. Kerben Sie die Nahtzugabe entlang der genähten Kante vor dem nächsten Schritt ein.

Tipp Wenn Sie nicht weit genug bis in die Mitte der Spitze nähen, hat das Igludach ein Loch in der Mitte, das schwer zu schließen ist.

16. Schlagen Sie die Stoffpaneele so auf, dass beide Paneele aus Stoff A mit rechts nach oben und beide Paneele aus Stoff B mit rechts nach unten zeigen. Alle Schlaufen sollten zwischen den Paneelen aus Stoff A liegen.

17. Legen Sie ein Stück von Stoff B mit der rechten Seite nach oben unter die Paneele auf der rechten Seite, nicht der linken.

18. Platzieren Sie wie vorhin in den Schritten 11–13 wieder das Stangenendteil und die Stangenschlaufen entlang der rechten Seite.

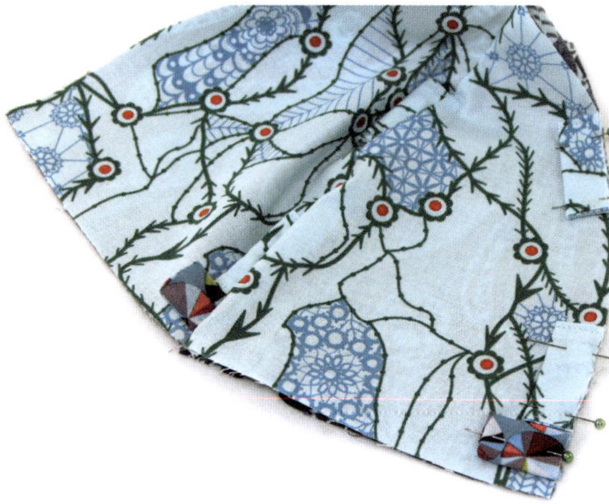

19. Legen Sie ein Paneel von Stoff A mit der rechten Seiten nach unten auf die rechten Paneele.

20. Nähen Sie die rechte Kante wieder wie in Schritt 15.

21. Wiederholen Sie die Schritte 16–20, bis Sie fünf Abschnitte des Igludachs zusammengenäht haben. Legen Sie dies beiseite, um den Eingang zu machen.

IGLU-EINGANG

1. Legen Sie die langen Eingangsteile mit rechts aufeinander und das lange Verstärkungsteil für den Eingang obendrauf.

2. Nähen Sie entlang der längsten geraden Kante des Türbogens (Vorderkante).

3. Legen Sie die Bodenteile für den Eingang mit den rechten Seiten aufeinander und das Verstärkungsteil für den Eingangsboden obendrauf.

4. Nähen Sie entlang der längsten geraden Kante des Türbodens (Vorderkante).

5. Schlagen Sie das Eingangsteil und den Boden auf und bringen Sie gleiche Stoffe mit rechts aufeinander zusammen. Heften Sie eine Seite des Eingangsbogens an einer Seite des Bodens fest und heften Sie dann die andere Seite, damit ein Tunnel entsteht.

6. Nähen Sie die beiden gehefteten Kanten und wenden Sie die Stoffteile ohne Verstärkungen oben auf die Verstärkungsteile, damit der Eingang mit rechts nach außen zeigt und gewendet werden kann.

7. Richten Sie die Schnittkanten des Eingangsbogens aus und heften Sie sie zusammen.

8. Nehmen Sie die letzten zwei Iglupaneele (1 × Stoff A, 1 × Stoff B) und schneiden Sie aus beiden die Eingangsöffnung heraus.

9. Heften Sie eines der Iglu-Eingangspaneele mit den rechten Seiten aufeinander am Eingangsbogen fest (wenn Sie möchten, stimmen Sie gleiche Stoffe aufeinander ab).

10. Drehen Sie die Teile auf die Wendeseite und heften Sie das andere Iglupaneel auf die gleiche Weise am Eingang fest.

11. Nähen Sie vom Boden eine Seite hoch, um den Eingangsbogen herum auf die andere Seite und dort zurück nach unten.

12. Legen Sie den Eingangsbogen so hin, dass Stoff A mit rechts nach oben zeigt (Stoff B zeigt mit rechts nach unten).

13. Platzieren Sie die letzten Stangenendteile und Stangenschlaufen links und rechts und verwenden Sie die gleichen Abmaße wie bei den anderen.

ZUSAMMENFÜGEN DES IGLUS

1. Nehmen Sie die fünf verbundenen Paneele und legen Sie sie mit Stoff A nach oben. Drehen Sie das sechste Eingangs-Paneel mit dem Gesicht nach unten obendrauf und heften Sie die Paneele aus Stoff A am Eingangs-Paneel fest.

2. Nähen Sie die beiden gehefteten Kanten von unten bis zur Mitte der Spitze zu.

3. Die Außenseite (Stoff A) des Iglus ist vollständig zusammengenäht, aber die Wendeseite noch nicht. Verbinden Sie zwei der Paneele aus Stoff B mit den rechten Seiten zueinander. Dazu müssen Sie das gesamte Iglu in einer Tasche zusammenpacken.

4. Sie werden nicht bis ganz zur Spitze nähen können, aber nähen Sie vom Boden aus soweit nach oben, wie Sie können, ohne andere Paneele in der Naht einzunähen.

5. Ziehen Sie das ganze Iglu wieder aus der Tasche und wiederholen Sie die Schritte 3–4, um die letzten zwei Paneele zusammenzunähen. Dies sieht genauso aus wie in Schritt 4.

6. Wenn Sie das Iglu wieder aus der Tasche ziehen, sind alle Teile verbunden. Die Spitze der Wendeseite (Stoff B) muss jedoch von Hand geschlossen werden. Schließen Sie die beiden Nähte mit einer Zaubernaht bis zur oberen Spitze.

7. Legen Sie ein Teil des Bodens mit der rechten Seite nach oben und heften Sie die untere Schnittkante der Iglukuppel rundherum entlang der Schnittkante des Bodens fest.

8. Legen Sie das andere Bodenteil mit der rechten Seite nach unten auf die Iglukuppel und heften Sie erneut alle Lagen in Position.

9. Fangen Sie bei knapp 1,5 cm der inneren Eingangs-Bodennaht an und nähen Sie um den Boden des Iglus herum, bis knapp 1,5 cm vor Ende der anderen Eingangs-Bodennaht. Lassen Sie dabei ca. 5 cm zum Wenden offen.

10. Kerben Sie die Nahtzugabe um den Boden herum überall ein.

11. Ziehen Sie das Iglu vorsichtig durch die Öffnung, um es auf rechts zu drehen.

12. Schließen Sie die Öffnung mit einer Zaubernaht.

13. Nähen Sie von Hand ein 20 cm langes Stück Band auf der Schlaufenseite (Stoff A) oben in der Mitte des Iglus fest.

14. Für die Zeltstangen schneiden Sie die 6-mm-Kunststoffschläuche oder strapazierfähigen Kabelbinder auf die richtige Länge. Dazu benötigen Sie ggf. ein Taschenmesser oder anderes kleines Messer, daher sollte dieser Schritt nur von Erwachsenen ausgeführt werden. HINWEIS: Wenn Sie das Iglu wenden, ist auf der Innenseite weniger Platz für die Stangen, daher müssen diese Stangen etwas kürzer ausfallen als die Außenstangen. Schneiden Sie Ihre Kabelbinder auf etwa 48 cm für außen und 46 cm für innen. Wenn Sie kleine Schläuche verwenden, werden sie sich überkreuzen. Daher müssen sie sich in der Länge leicht unterscheiden, angefangen mit ca. 48 cm und in 1-cm-Schritten ansteigend: 49 cm und 50 cm.

15. Schieben Sie alle drei Stangen durch die Schlaufen bis zur gegenüberliegenden Seite der Kuppel. Jede Stange muss durch vier Schlaufen geführt werden.

16. Stecken Sie die Enden der Stangen in die entsprechenden Endschlaufen. Messen Sie die Stangen einzeln aus und schneiden Sie ggf. zurecht. Stecken Sie das andere Ende dann in die entsprechenden Stangenschlaufen. Knoten Sie das Band über die Stangen, um das Iglu zu sichern.

Nepomuk, der Schwertwal

Piep-piep-pfeif, klick-klick-ting. Ich bin ein Orka und so sprechen wir Wale untereinander. Wir versammeln unsere Familien, um gemeinsam hinauf zur Beringsee zu ziehen. Wale schwimmen sehr gern und schlafen kaum. Mein Name ist Nepomuk und ich kam vor zwei Jahren vor der Küste von Tonga zur Welt. Wenn uns das Wasser auf der südlichen Erdhalbkugel zu warm wird, müssen wir nach Norden ziehen, wo die Wassertemperatur niedriger ist.

Ich hoffe, dass ich ein langes Leben haben werde, so wie meine Oma – sie ist fast fünfzig Jahre alt! Ich sehe ihr überhaupt nicht ähnlich, weil unsere Körper alle anders gezeichnet sind. Eigentlich sehen wir uns überhaupt nicht ähnlich, außer dass wir alle schwarz, weiß und grau sind. Ich hoffe, dass Sie uns auf unserer Reise begleiten werden!

Mein Tochter hat einen Schwertwal gemacht, als sie in der zweiten Klasse ihr erstes Diaroma gebastelt hat. Sie wollte ein dazu passendes Stofftier nähen. Ich habe ihr geholfen, ihr erstes Muster zu überarbeiten, und sie hat einen Teil davon zusammen mit mir auf der Maschine genäht. Den Rest hat sie ganz allein von Hand genäht. Der Schwertwal eignet sich hervorragend als erstes Projekt, da er ganz einfach ist und viel Spaß macht.

FERTIGE LÄNGE: 15 cm und 18 cm

SIE BRAUCHEN

Schablonen (Seite 121) • Fat Quarter (ca. 55 cm × 50 cm): 2 × schwarz, 1 × weiß und 1 × grau oder Farben/Muster Ihrer Wahl (ergibt 4 Orkas) • Füllung • Durchsichtige Angelschnur und Perle (optional) • Fransenschutz (wie Fray Check) (optional) • Nähgarn • Einfaches Nähwerkzeug (Seiten 8–10)

ANLEITUNG

1. Schneiden Sie alle Musterteile für den Schwertwal aus dem Stoff Ihrer Wahl aus. Die folgenden Schritte ergeben Orka A. (Wenn Sie selbst kreativ werden möchten, können Sie andere einfarbige Stoffe oder Muster verwenden.) Orka B kann nach den gleichen Schritten genäht werden, unter Verwendung der Teile von Flosse B.

2. Legen Sie die Teile für Orka A mit rechts aufeinander und nähen Sie von der Nase über den Rücken um die Fluke herum. Hören Sie kurz nach der Fluke auf, um Raum für das Bauchteil zu lassen. Verriegeln Sie die Naht.

3. Nehmen Sie zwei Teile von Brustflosse A und nähen Sie sie mit rechts aufeinander zusammen. Wiederholen Sie dies mit den zwei anderen A-Teilen und lassen Sie die geraden Kanten zum Wenden offen.

4. Schneiden oder kerben Sie die genähten Kanten der Brustflossen ein und drehen Sie sie vorsichtig auf rechts.

5. Heften Sie die Brustflossen an den Innenkanten kurz vor dem Ansatzpunkt der Rückenflosse fest.

6. Heften Sie die vordere Bauchmitte an der Nasennaht fest und heften Sie den Bauch an beiden Kanten fest.

7. Nähen Sie eine Bauchseite von der Oberseite der Nase bis zum Ende des Bauchteils.

8. Nähen Sie die andere Bauchseite von der Oberseite der Nase bis kurz nach der Flosse. Verriegeln Sie die Naht, lassen Sie eine 4 cm große Öffnung (zum Wenden und Ausstopfen) und nähen Sie dann die letzten 2 cm des Bauchteils zu.

9. Schneiden oder kerben Sie vorsichtig alle Kanten ein, ohne in die Nähte zu schneiden.

10. Drehen Sie den Orka auf rechts. Verwenden Sie bei Bedarf eine Wendehilfe.

11. Stopfen Sie zunächst die Fluke vorsichtig aus, dann die Rückenflosse und arbeiten Sie zum Schluss von der Nase zur Körpermitte.

Tipp Mit einem Schwarm dieser Wale können Sie ein tolles Mobile für ein Baby basteln.

12. Schneiden Sie zwei identische weiße Aufnäher für die Augen und zwei weitere weiße Aufnäher für die Seiten (optional, nicht abgebildet) und ein Stück eines grauen, gefalteten Stoffs, den Sie als Aufnäher auf dem Rücken hinter der Flosse anbringen. Orkas sind symmetrisch, also zeichnen Sie zunächst ein Musterteil, falten Sie es und schneiden es dann aus, damit es genau wird.

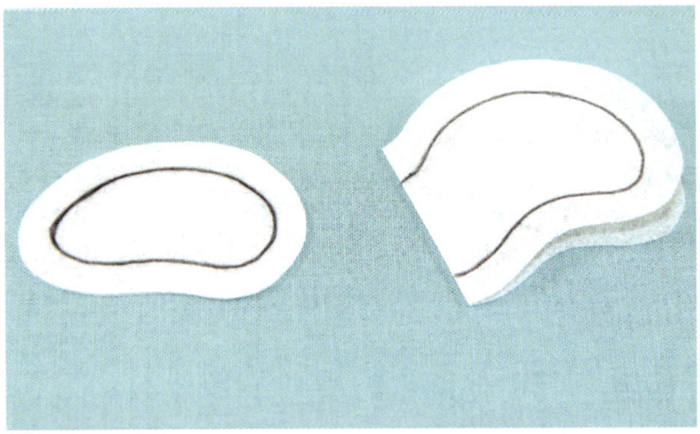

Tipp Da Schwertwale alle individuelle Zeichnungen haben, enthält das Buch keine Musterteile für die Augen-, Seiten- und Rückenaufnäher. So werden ihre Orkas einzigartig. Damit sie symmetrisch werden, können Sie Reste von Musterpapierteilen verwenden, um die Aufnäher zu zeichnen, bevor Sie den Stoff schneiden.

13. Legen Sie die Aufnäher an die richtige Stelle und nähen Sie sie mit dem Stich Ihrer Wahl fest. Führen Sie die eingefädelte Nadel durch die Öffnung, damit der Endfaden auf der Innenseite des Wals versteckt ist. Ich habe mit dem Saumstich gearbeitet, um die Kanten zu sichern, damit der Stoff nicht ausfranst. Sie können zum gleichen Zweck auch einen Fransenstopp verwenden.

14. Wenn Ihr Schwertwal in einem Kindermobile, einem Diaroma oder an anderer Stelle hängen soll, fädeln Sie eine kleine Perle auf ein langes Stück Angelschnur und führen die Nadel und Angelschnur durch die Öffnung, bevor Sie diese schließen. Führen Sie die Nadel mit der Angelschnur an der Stelle hinaus, an der der Wal aufgehängt werden soll. (Wenn sich der Wal nach vorn lehnen soll, muss die Angelschnur oben an der Rückenflosse oder hinter der Flosse austreten. Soll er nach oben schauen, muss die Schnur vor der Rückenflosse angebracht werden.)

15. Wenn Sie alle Aufnäher angenäht haben, schließen Sie die Öffnung am Bauch mit einer Zaubernaht.

Mimi, der Heißluftballon

Hinauf und immer weiter hinauf, durch die Wolken und weiter über die Arktis. Steigen Sie in meinen Korb und ich trage Sie auf einer kühlen Brise in schwindelnde Höhen. Sie werden die Welt von oben betrachten und umso höher wir steigen, umso größer werden die Wolken und die Welt darunter wird immer kleiner. Sie brauchen aber keine Angst zu haben. Ich bin Mimi, der Heißluftballon und fliege schon seit vielen Jahren mit diesen arktischen Winden und habe jede Fahrt genossen.

An einem sonnigen Tag wie heute tummeln wir uns mit den Vögeln in den Lüften. Spüren Sie die Aufregung? Wenn Sie den Sand aus den Säcken ablassen, steigen wir noch höher. Können Sie die Berge in der Ferne sehen oder den tiefen, blauen Ozean? Sehen Sie die Eisbärenmutter mit ihren Jungen, die auf den Eisschollen herumtollen? Kommen Sie und entschweben Sie mit mir. Der Zauber wird ein Leben lang anhalten.

Machen Sie Ihren eigenen Heißluftballon, mit dem Sie dem Alltag entfliehen können. Schneiden Sie den Stoff motivgenau („Fussy Cut") zu, sodass ein Muster entsteht, das so schön ist, dass Sie gar nicht genug davon bekommen werden. Sie können den Ballon in ein Fenster hängen oder an eine andere Stelle, die Ihnen gefällt. Im Korb hat sogar ein kleiner Freund Platz.

FERTIGE HÖHE: 33 cm mit Korb

SIE BRAUCHEN

Schablonen (Seite 123) • Stoff: je 0,30 m von zwei oder mehr verschiedenen Mustern oder je 0,50 m, wenn Sie den „Fussy Cut" (motivgenauer Zuschnitt) wählen • Füllung (Bambusfaser oder eine andere dichte Füllung wird nicht empfohlen • Rest einer schweren Verstärkungseinlage (7,5 cm × 7,5 cm) • gut 50 cm Zierkordel • Nähgarn • Einfaches Nähwerkzeug (Seiten 8–10)

BALLON

1. Schneiden Sie alle Musterteile für den Ballon zu. Wenn Sie sich dafür entscheiden, nur bestimmte Motive des Stoffs zu verwenden, damit das Design besonders schön wird („Fussy Cut"), brauchen Sie mehr Stoff. Auch wenn dieses Muster nach dem Ausstopfen nicht zum Wenden ist, wird die Innenseite des Ballons sichtbar sein. Sie können normalen Stoff oder Musselin verwenden.

Tipp Der Heißluftballon ist ähnlich aufgebaut wie das Muster der Iglukuppel auf den Seiten 77–78.

2. Als Vorbereitung für den Ballon legen Sie zunächst zwei Teile von Stoff A mit rechts aufeinander und darauf zwei Teile von Stoff B mit rechts aufeinander. In der Abbildung wurden sie fächerartig ausgebreitet, um die Reihenfolge zu zeigen, aber achten Sie darauf, dass die Teile ordentlich übereinander liegen.

3. Nähen Sie eine lange Kante von der Unterseite der Teile bis hinauf zur Mitte der oberen Kante.

4. Kerben Sie die runden Kanten ein, die Sie gerade genäht haben, ohne in die Naht zu schneiden.

Tipp Auch wenn Sie normalerweise die Kanten nach dem Nähen einschneiden oder -kerben, müssen Sie bei diesem Muster die Nahtzugaben bereits beim Nähen bearbeiten.

5. Schlagen Sie das obere Teil und das untere Teil um und richten Sie alle Kanten aus. Sie sollten außen jetzt nur rechte Seiten sehen und auf der Wendeseite ebenfalls.

6. Wenn Sie zwei unterschiedliche Muster haben, achten Sie darauf, die Muster abzupassen, wenn Sie das nächste Teil von Stoff A mit der rechten Seite nach unten obenauf legen und Stoff B mit der rechten Seite nach unten auf der Wendeseite anlegen.

7. Nähen Sie die äußere Kante von der Unterseite der Teile bis hinauf zur oberen Mitte und kerben Sie die genähte Kante ein, ohne in die Naht zu schneiden, wie in den Schritten 3–4.

8. Schlagen Sie das obere und das untere Teil auf, indem Sie es nach links oder rechts falten, je nachdem auf welcher Seite Sie gerade genäht haben. Sie sollten nun drei miteinander verbundene Segmente haben.

9. Der Ballon besteht aus insgesamt sechs Segmenten. Nähen Sie die nächsten drei Segmente nach der Anleitung in den Schritten 5–8.

10. Wenn alle Segmente verbunden sind, müssen Sie das erste und das letzte Segment zusammennähen. Bevor Sie sie verbinden, müssen Sie entscheiden, welche Seite beim fertigen Ballon außen sein soll.

11. Die spätere Außenseite muss in diesem Schritt innen sein. Legen Sie beide Kanten so zusammen, dass die rechten Seiten aufeinanderliegen. Sie nähen nur drei der vier Segmente entlang der Außenkante von unten bis zur oberen Mitte zusammen (ein Teil Ihres zweiten Stoffs wird ausgelassen).

12. Nehmen Sie das letzte Teil, das nicht genäht wurde, und wickeln Sie es um den gesamten Ballon, sodass es die ganze Oberseite umhüllt.

13. Nähen Sie die Kante von unten aus 7,5 cm entlang der Seite hoch zu.

14. Lassen Sie eine 5 cm große Öffnung und nähen Sie dann die verbleibende Naht oben möglicht weit bis zur Spitze zu. Aufgrund der Stoffwulst auf der Innenseite können Sie nicht ganz bis zur Spitze nähen.

15. Schneiden oder kerben Sie die Nahtzugabe bis oben ein, mit Ausnahme des Abschnitts in der Öffnung.

16. Drehen Sie den Ballon vorsichtig auf rechts. Drehen Sie zunächst die Unterseite durch die seitliche Öffnung, bevor Sie den Rest wenden.

17. Schließen Sie die seitliche Öffnung mit einer Zaubernaht.

18. Schließen Sie auch die obere Öffnung mit einer Zaubernaht und drehen Sie den Ballon auf rechts, sodass die Seite, die Sie außen haben möchten, jetzt zu sehen ist.

19. Sie müssen jedes Ballonsegment durch seine eigene schmale Öffnung an der Unterseite füllen. Stopfen Sie jedes Segment schrittweise mit kleinen Mengen aus und arbeiten Sie dabei um den Ballon herum. Beim Ausstopfen rutscht die Füllung nach unten. Schieben Sie sie immer wieder hoch, bis sie schließlich hält.

20. Wenn Sie jedes Segment ausgestopft haben, nehmen Sie die Bänder für den unteren Rand, falten sie mit rechts aufeinander und nähen die kurzen Kanten zusammen. Drehen Sie eins mit der rechten Seite nach außen und behalten Sie eins mit der rechten Seiten nach innen.

21. Legen Sie eins der Bänder mit der linken Seite nach außen an der Unterkante des Ballons entlang und heften Sie es an jeder Naht in Position.

22. Positionieren Sie das andere Band auf der Innenseite des Ballons, mit rechts aufeinander. Heften Sie alle Lagen neu in Position.

23. Sofern Sie keine Industrienähmaschine mit der nötigen Höhe haben, ist es einfacher, diese Lagen von Hand um die Schnittkante herum zu nähen.

24. Nach dem Nähen holen Sie das Band nach unten. Schlagen Sie an beiden Schnittkanten je einen einfachen Saum nach innen zueinander um und heften Sie sie zusammen. Platzieren Sie vier Stecknadeln in gleichen Abständen: zwei sollten in den Nähten der Segmente stecken, einander gegenüber, die anderen beiden in der Mitte der Segmente. (Es geht nicht genau auf, da der Ballon nur sechs statt acht Segmente hat.) Dies sind die vier Verbindungsstellen für die Kordel zwischen dem Ballon und den vier Ecken des Korbs.

25. Schneiden Sie vier Stücke einer Zierkordel auf eine Länge von 7,5 cm zu. Machen Sie an beiden Enden jeder Schnur einen Knoten und positionieren Sie je eine Kordel zwischen den beiden unteren Teilen an den Stellen, wo die Nadeln angebracht wurden.

26. Steppen Sie die Kante des unteren Bands und nähen Sie dabei die Kordel ein.

KORB

1. Für den Korb legen Sie die folgenden Teile übereinander: 2 Teile von Stoff A mit rechts aufeinander, darauf 1 Teil einer schweren Verstärkungseinlage und 2 Teile von Stoff B mit rechts aufeinander auf die Einlage.

2. Nähen Sie nur eine Kante mit Y-Nähten. Lassen Sie an den beiden Ecken 6 mm offen.

3. Schlagen Sie das Teil in Stoff B oben und das Teil in Stoff A zuunterst auf.

4. Legen Sie ein weiteres Teil in Stoff B obenauf, mit rechts nach unten, und ein Teil in Stoff A zuunterst mit rechts nach oben.

5. Nähen Sie nur eine Kante mit Y-Nähten, gegenüber der ersten Naht. Der Boden sollte nun in der Mitte liegen, mit zwei verbundenen Seiten oben und unten.

6. Schlagen Sie die oberen Teile diagonal um, sodass eine obere Kante sichtbar wird, die noch nicht genäht wurde. Falten Sie die Teile auf der Unterseite genauso, um die gleiche obere Kante freizulegen.

7. Legen Sie ein Teil in Stoff B mit der rechten Seite nach unten obenauf und ein Teil in Stoff A mit der rechten Seite nach oben zuunterst.

8. Nähen Sie über die gesamte obere Kante. Sie können mit Y-Nähten arbeiten, müssen aber nicht. Schlagen Sie alle Teile oben und unten auf.

9. Wiederholen Sie die Schritte 6–8 bis zur letzten Kante.

10. Schlagen Sie alle Teile auf. Die Oberseite sollte genauso wie die Unterseite aussehen (auf beiden Seiten ist nur die rechte Stoffseite zu sehen) und die Mitte ist das einzige Teil mit Verstärkung.

11. Nähen Sie zunächst zwei der Seitennähte mit rechts aufeinander zu, auf der Stoff-B-Seite. Fangen Sie an der Oberkante an und nähen Sie bis zur Unterseite, damit die Oberkanten bündig bleiben.

12. Nähen Sie alle Kanten zusammen. Wiederholen Sie Schritt 11, bis alle Seiten zugenäht sind, sodass ein offener Korb entsteht.

13. Wiederholen Sie diesen Prozess auf der Wendeseite mit Stoff A.

14. Ziehen Sie die Seite, die an Ihrem Korb außen sein soll, über die andere Seite, nachdem Sie die Ecken vorsichtig eingeschnitten haben, damit der Stoff weniger wulstig ist.

15. Wie beim unteren Abschluss des Ballons schlagen Sie an den Schnittkanten des Korbs einen einfachen Saum nach innen um und heften jede Ecknaht in Position.

SANDSÄCKE

Die Sandsäcke sind optional. Sie können so viele davon machen, wie Sie möchten, oder auch keinen. Wenn Sie auf die Sandsäcke verzichten möchten, können Sie diesen Abschnitt überspringen.

1. Nehmen Sie ein Teil des Sandsackstoffs und falten Sie es mit den rechten Seiten aufeinander.

2. Ziehen Sie die Falte zur Mitte, sodass eine 3 mm tiefe „Furche" zwischen den Lagen entsteht. (Dies wird der Boden.)

3. Nähen Sie die Seitennähte zu und beschneiden Sie die Nahtzugabe mit einer Zickzackschere.

4. Drehen Sie den Sandsack auf rechts und füllen Sie ihn vorsichtig.

5. Bevor Sie die obere Naht schließen, beschneiden Sie die obere Kante vorsichtig mit der Zickzackschere, damit der Stoff nicht ausfranst.

6. Schneiden Sie 7,5 cm einer Zierkordel ab, machen Sie einen Knoten in beide Enden und stecken Sie ein Ende oben in den Sandsack.

7. Schließen Sie die obere Naht des Sandsacks.

8. Stecken Sie das andere Ende der Sandsackkordel zwischen die beiden Stoffteile des Korbs. Sie können die Kordel in der Nähe der Ecknähte oder mittig an den Seiten befestigen.

ZUSAMMENFÜGEN DES BALLONS

1. Stecken Sie die Enden der am Ballon befestigten Kordel in die Ecken des Korbs und heften Sie sie fest.

2. Steppen Sie um die obere Kante des Korbs herum. Sie müssen den Nähfuß ggf. mehrmals anheben und die Teile neu ausrichten, damit Sie die Kordeln nicht einnähen und sie sich nicht verheddern.

3. Zum Abschluss des Heißluftballons brauchen Sie eine Schlaufe, um ihn aufzuhängen. Schneiden Sie einen Stoffkreis aus, der mindestens 4 cm breit ist – Sie können die Größe wählen und ein bestimmtes Motiv des Stoffs ausschneiden („Fussy Cut" – wie abgebildet) – und ein Stück schwerer Verstärkungseinlage, das 1,5 cm schmäler als der Stoff ist.

4. Schlagen Sie den Stoff um die Einlage und ziehen Sie die Kordel durch die Mitte des Stoffs und der Einlage und machen Sie dann auf der Innenseite einen Doppelknoten in die Kordel.

5. Nähen Sie dieses Schlaufenteil oben mittig auf dem Heißluftballon fest.

4

Ein regnerischer Tag

Ganz egal, wie viele graue Regenwolken den Himmel verhängen und wie viele Regentropfen die Pfützen vor Ihrer Haustür füllen: Diese hübschen Muster bringen Heiterkeit und Sonne in jeden trüben Regentag.

Puppenkorb

Die Sonne ist schon längst aufgegangen, kleine Puppe, raus aus den Federn! Lass uns zum Spielen nach draußen gehen. Wir können deine Decke auf dem schönen Rasen ausbreiten und ein Picknick mit Kuchen und Tee machen. Wenn der Tee und die Plätzchen alle sind, lese ich dir ein Buch vor und du kannst mit deinen winzigen Zehen spielen.

Komm, liebe Puppe, es wird schon dunkel draußen und es ist Zeit, ins Bett zu gehen. Ich lege dich in dein gemütliches Bettchen und packe dich gut ein, damit du es mollig warm hast. Du kannst dein kostbares Köpfchen auf dein Kissen betten und ich werde dir ein Lied vorsingen, bis deine Augen schwer werden. Gute Nacht, liebe Puppe. Träum süß und schlaf gut. Ich habe dich lieb.

Das Wendemuster mit Quilt und Kissen kann für Puppen oder Stofftiere jeder Größe angepasst werden. Dieser Korb eignet sich nicht, um ein Baby darin zu transportieren.

LÄNGE DES FERTIGEN KORBS: unterschiedlich – klein (25,5 cm), mittel (33 cm) oder groß (45,5 cm)

SIE BRAUCHEN

Schablonen (Seite 123) • Stoff: *(klein)* je 0,60 m von zwei Mustern oder *(mittel)* je 0,90 m oder *(groß)* je 1,40 m; 1–2 zusätzliche Fat Quarter (ca. 50 cm × 55 cm), um beim Kissen oder der Decke abzuwechseln (optional) • Warme Naturvlieseinlage: *(klein)* 0,70 m, *(mittel)* 0,90 m oder *(groß)* 1,40 m • Schwere Vlieseinlage zur Verstärkung: *(klein)* 1 Fat Eighth (25 cm × 55 cm) oder *(mittel/groß)* 1 Fat Quarter • Füllung (für das Kissen) • Nähgarn • Einfaches Nähwerkzeug (Seiten 8–10)

ZUSCHNITT (FÜR DEN KORB)

Es werden Schablonen für den Korbboden in drei verschiedenen Korbgrößen mitgeliefert. Nachfolgend finden Sie Schnittangaben für den Rand (Seiten) und die Griffe. Für den Rand schneiden Sie je ein Teil aus Stoff A, eines aus Stoff B und die Vlieseinlage aus. Für die Griffe schneiden Sie je zwei Teile aus Stoff A, Stoff B und der Vlieseinlage aus.

Für einen kleinen Korb: Rand 12,5 cm × 76 cm;
Griffe 5 cm × 25,5 cm

Für einen mittleren Korb: Rand 15 cm × 96,5 cm;
Griffe 5 cm × 28 cm

Für einen großen Korb: Rand 18 cm × 114,5 cm;
Griffe 5 cm × 30,5 cm

ANLEITUNG FÜR DEN KORB

1. Nach dem Zuschnitt aller Lagen für den Korbboden legen Sie diese wie folgt aufeinander: 1 × Stoff B mit rechts nach unten, Vlieseinlage, schwere Verstärkungseinlage und der andere Stoff A mit der rechten Seite nach oben.

2. Platzieren Sie eine Stecknadel in der oberen und der unteren Mitte der Korbbodenteile. Verwenden Sie eine Stecknadel mit einem andersfarbigen Kopf, damit Sie die Mittelpunkte später leichter finden.

3. Nehmen Sie das Randteil aus Stoff A und schlagen Sie die 1,5 cm Nahtzugabe am Ende über die mittlere Stecknadel. Heften Sie die Stecknadel neu, um die Markierung zu erhalten.

4. Richten Sie die Kante des Randteils weiter aus und heften Sie sie um die Bodenkante herum in Position.

5. Wenn Sie den Rand rundherum in Position geheftet haben, müssen Sie die beiden Enden verbinden. Lassen Sie weitere 1,5 cm über die mittlere Nadel hinaus stehen und schneiden Sie den Rest ab.

6. Nähen Sie die beiden Enden mit je 1,5 cm Nahtzugabe zusammen und glätten Sie die Nähte. In der Mitte des Bodens festheften.

7. Wenden Sie den Boden und heften Sie das andere Stoffteil mit der Vlieseinlage um den Boden herum in Position, wie in den Schritten 3–6. Achten Sie darauf, die Nahtzugabe aufzuschlagen, sodass sie flach liegt und weniger wulstig ist. Vermeiden Sie, dass sich das Randteil beim Heften auf der anderen Seite bauscht.

8. Nähen Sie mit 1 cm Nahtzugabe um den Umfang des Korbs herum und achten Sie wieder darauf, den Rand an der Unterseite nicht in der Naht einzufangen. Drehen Sie den Korb um und ziehen Sie die Randteile aus Stoff B und die Vlieseinlage hoch und um den Korb herum, sodass Sie entlang des Rands innen und außen nur rechte Stoffseiten sehen. Beiseitelegen.

9. Für die Griffe legen Sie eine Schicht Vlieseinlage und zwei Stoffteile mit den rechten Seiten zusammen übereinander. Nähen Sie dann entlang der beiden langen Kanten und drehen Sie die Teile auf rechts.

10. Glätten Sie die Träger und steppen Sie die beiden genähten Kanten.

11. Um die Mitte der Korbseiten für die Anbringung der Griffe zu finden, greifen Sie den Rand an der markierten Mitte oben und unten und ziehen die beiden Stellen voneinander weg, um die obere Schnittkante zu glätten. (Die Schnittkante sieht jetzt wie der obere Rand einer Tragetasche aus und die beiden Seiten des Rands liegen parallel.) Legen Sie ein Lineal am Rand an und markieren Sie die Mitte auf jeder Seite mit einer Stecknadel.

12. Heften Sie die Griffe an der Außenseite des Rands, an Stoff B und an der Vlieseinlage fest. Es gibt keine feste Regel, wie weit die beiden Griffe voneinander entfernt sein müssen. Aber achten Sie darauf, dass die Griffe auf beiden Seiten den gleichen Abstand haben.

13. Nähen Sie alle Griff-Enden am Rand fest. Nähen Sie beide Enden in U-Form ca. 2 cm tief ein und nähen dann noch ein „X" über den eingenähten Streifen (siehe Schritt 12 auf Seite 101).

14. Schlagen Sie den äußeren Rand nach innen um (einfacher Saum). Schlagen Sie den Innenrand auf gleicher Höhe nach innen um (einfacher Saum). Heften Sie zunächst die Mittelpunkte an den Seiten und den Enden in Position. Heften Sie dann den gesamten Rand fest.

15. Steppen Sie zum Abschluss oben um den Rand herum.

ZUSCHNITT (FÜR DAS KISSEN)

Diese Leitlinien enthalten Maßangaben für ein kleines, mittleres oder großes Kissen, das zum Korb passt.

Für ein kleines Kissen (10 cm × 14 cm) schneiden Sie:

11,5 cm × 15 cm Stoff für die Vorderseite

11,5 cm × 11,5 cm Stoff für die Rückseite (2 Stück)

9 cm × 12,5 cm Vlieseinlage für die Kissenfüllung

Für ein mittleres Kissen (12,5 cm × 18 cm) schneiden Sie:

14 cm × 19 cm Stoff für die Vorderseite

14 cm × 14 cm Stoff für die Rückseite (2 Stück)

11,5 cm × 16,5 cm Vlieseinlage für die Kissenfüllung

Für ein großes Kissen (19 cm × 24 cm) schneiden Sie:

20,5 cm × 25,5 cm Stoff für die Vorderseite

20,5 cm × 20,5 cm Stoff für die Rückseite (2 Stück)

18 cm × 23 cm Vlieseinlage für die Kissenfüllung

ANLEITUNG FÜR DAS KISSEN

1. Nach dem Zuschneiden schlagen Sie an einer Kante der beiden rückseitigen Teile je einen doppelten Saum von 10 mm um, bügeln ihn und nähen ihn fest.

2. Legen Sie die Kissenvorderseite mit rechts nach oben und darauf ein rückseitiges Teil mit rechts nach unten. Die genähte Saumkante sollte in der Nähe der Mitte sein, aber die Schnittkanten liegen auf der oberen, unteren und seitlichen Kante der Vorderseite.

3. Legen Sie das andere rückseitige Teil mit rechts nach unten darauf, mit dem genähten Saum zur Mitte, bündig mit der gegenüberliegenden Schnittkante der Vorderseite. Die beiden Rückseiten überlappen sich.

4. Nähen Sie einmal um die Kante des Kissens herum, drehen Sie es auf rechts und legen Sie es beiseite.

5. Machen Sie eine Kissenfüllung, indem Sie ein Stück Vlieseinlage (oder Musselin oder einen anderen Stoff) in der Mitte falten und die untere und die beiden seitlichen Kanten zunähen (zu den Maßen siehe Seite 96).

6. Stopfen Sie die Füllung aus und nähen Sie das obere Ende zu.

7. Schieben Sie die Kissenfüllung in die Kissenhülle und ziehen Sie die andere Rückseite hoch und über die Öffnung, um die Kissenfüllung zu bedecken.

ZUSCHNITT (FÜR DEN HAUS-QUILT)

Der Quilt (Steppdecke) mit dem Häuschen-Motiv oben kann für jede beliebige Korbgröße gemacht werden. Auf Seite 98 ist eine Zeichnung abgebildet, die die Anordnung der Teile für eine quadratische Decke in der Größe 27 cm × 27 cm für den kleinsten Korb zeigt. Sie können die Maße für einen mittleren Korb (37,5 cm) oder einen großen Korb (50 cm) skalieren. Ich habe mehrere Stoffe für diesen Quilt verwendet, damit Sie die einzelnen Teile gut erkennen. Sie können so viele verschiedene Muster nehmen, wie Sie möchten.

Für eine 27 cm × 27 cm große Decke schneiden Sie folgende Teile zu:

Mittleres Quadrat (1 Teil): 5 cm im Quadrat

Dach (1 Teil): 4 cm × 5 cm

Himmel (2 Teile): 2,5 cm im Quadrat

Kleine Einfassungen (2 Teile): 7 cm × 5 cm

Kleiner oberer/unterer Rand (2 Teile): 5 cm × 12,5 cm

Großer seitlicher Rand (2 Teile): 12,5 cm × 9 cm

Großer oberer/unterer Rand (2 Teile): 8,5 cm × 27,5 cm

Vlieseinlage (1 Teile): 27,5 cm im Quadrat

Rückseite (1 Teil): 28,5 cm im Quadrat

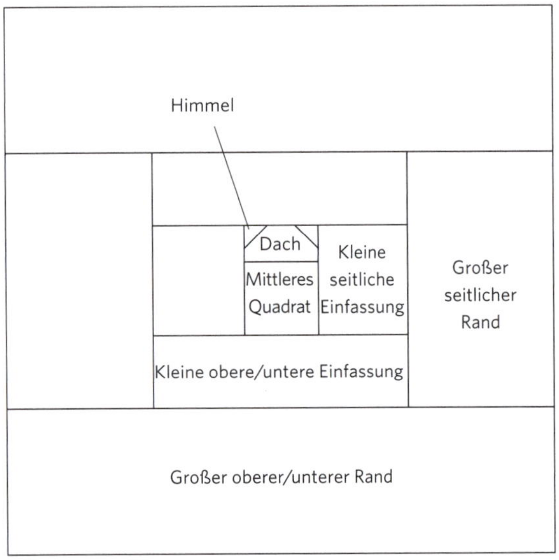

ANLEITUNG FÜR DEN HAUS-QUILT

1. Nähen Sie das Dachteil und das Hausteil mit den rechten Seiten aufeinander zusammen.

2. Schlagen Sie das Dachteil hoch und legen Sie die beiden Himmel-Teile mit rechts nach unten an jeder Ecke an. Nähen Sie die beiden Teile am Dach fest und schneiden Sie dann die überschüssigen Ecken ab.

3. Schlagen Sie die Ecken auf, bügeln Sie sie und nähen Sie die kleineren seitlichen Einfassungen mit rechts zusammen an den Seiten des Hauses an.

4. Schlagen Sie die Seiten auf und nähen Sie die kleinere obere und untere Einfassung mit den rechten Seiten zusammen an. Bügeln Sie das mittlere Quadrat und schneiden Sie es bei Bedarf in Form.

5. Nähen Sie die zwei großen seitlichen Ränder an den Haus-Block, mit rechts zusammen.

6. Schlagen Sie die Seiten auf und nähen Sie den großen oberen und unteren Rand mit den rechten Seiten zusammen an.

7. Zum Abschluss legen Sie zunächst die Vorderseite mit rechts nach oben, darauf die Rückseite mit rechts nach unten und zum Schluss die Vlieseinlage auf die linke Seite der Rückseite. Nähen Sie einmal um die gesamte Kante herum und lassen Sie 5 cm zum Wenden offen.

8. Schneiden Sie die Nahtzugabe an den Ecken ein, drehen Sie die Decke auf rechts und steppen Sie einmal rundherum. Für einen einfachen Rollsaum anstelle der Steppkante folgen Sie der Anleitung auf Seite 15.

Handarbeitstasche

Tina arbeitete an einer wunderschönen gestrickten Wolldecke und wollte sie gern ihrer Freundin Lina zeigen. Sie packte ihre Decke, die bunten Wollknäuel und ihre Stricknadeln in die erste Plastiktüte, die sie finden konnte, und machte sich auf den Weg zu Lina. Während sie die Straße entlanglief, pfiff sie vergnügt vor sich hin. Sie freute sich so sehr darauf, ihrer Freundin ihr neuestes Projekt zu zeigen, dass sie gar nicht bemerkte, wie ihre Tüte immer leichter und leichter wurde.

Als sie schließlich bei Lina zu Hause ankam, war die Tüte leer und Tina am Boden zerstört. Lina bot an, mit ihr den gleichen Weg abzulaufen, um alles wieder einzusammeln. Zunächst fanden Sie die Wollknäuel, die sie eines nach dem anderen auflasen. Dann sahen sie auf dem Bürgersteig einige Häuser weiter die schöne Strickdecke, die nur ein wenig gelitten hatte. Kurz vor ihrem eigenen Haus fand Tina schließlich die Stricknadel, die durch die Tüte gestochen und das Missgeschick ausgelöst hatte.

Auf die Plätze, fertig und los genäht. Jede(r) verdient eine schnell zu machende, schöne Schultertasche, in der man die Projekte transportierten kann, an denen man gerade arbeitet. Sie können die Tasche natürlich auch für andere Dinge wie Bücher, Spielsachen, Lebensmittel und anderes verwenden!

FERTIGE GRÖSSE: Variiert – die kleine Tasche (groß: 30,5 cm) ist auf dieser Seite abgebildet, die mittlere (groß: 38 cm) auf Seite 102 (beide haben einen 12,5 cm breiten Boden)

SIE BRAUCHEN

Futterstoff, Oberstoff und flache Naturvlieseinlage (sofern sie keinen wattierten Oberstoff verwenden): je 0,50 m für die Tasche in Kindergröße, je 0,60 m für eine kleine Tasche, je 0,70 m für eine mittelgroße Tasche oder je 0,90 m für eine große Tasche • Nähgarn • Einfaches Nähwerkzeug (Seiten 8–10)

DEN STOFF STEPPEN

Wenn Sie einseitig oder doppelseitig gesteppten Stoff verwenden, können Sie gleich zum Abschnitt „Zuschnitt" gehen. Möchten Sie den Stoff selbst steppen, müssen Sie dies vor dem Zuschnitt machen.

Sie müssen nur die Außenseite steppen. Wenn Sie auch das Futter steppen, ist der Stoff zu dick, um den Taschenboden nach dieser Methode zu nähen.

Um eine Seite zu steppen, legen Sie Ihren Stoff mit der rechten Seite nach oben auf die flache Vlieseinlage. Sie können dem Stoffmuster folgen oder sich ein eigenes Muster ausdenken. Ich bin den Streifen in dem Kästchen-Muster gefolgt. Steppen Sie genug Stoff für die Tasche und die Träger.

ZUSCHNITT (TASCHE)

Nachfolgend sind Leitlinien für den Zuschnitt von Schultertaschen in vier verschiedenen Größen aufgeführt. Für die eigentliche Tasche schneiden Sie je Teil (Breite × Höhe) für das Futter und die Außenseite.

Für eine große Tasche - 56 cm × 38 cm (B × H) mit einem 20,5 cm tiefen Boden - schneiden Sie ein Taschenteil auf 61 cm × 101,5 cm (B × H) zu.

Für eine mittlere Tasche - 40,5 cm × 32 cm (B × H) mit einem 13 cm tiefen Boden - schneiden Sie ein Taschenteil auf 45,5 cm × 81 cm (B × H) zu.

Für eine kleine Tasche - 30,5 cm × 23 cm (B × H) mit einem 12,5 cm tiefen Boden - schneiden Sie ein Taschenteil auf 35,5 cm × 63,5 cm (B × H) zu.

Für eine Kindertasche - 20 cm × 18 cm (B × H) mit einem 10 cm tiefen Boden - schneiden Sie ein Taschenteil auf 25 cm × 51 cm (B × H) zu.

ZUSCHNITT (TRÄGER)

Für die Träger schneiden Sie je zwei Teile des Futterstoffs und des Oberstoffs zu (vorwattiert, entweder fertig gekauft oder vor dem Zuschnitt gesteppt). Die Träger können beliebig lang und breit sein. Ich schneide meine immer auf eine Breite von 5 cm zu und variiere die Länge je nach Größe und Zweck der Tasche - 63,5 cm bei der kleinen Tasche auf Seite 99, 51 cm bei der mittleren Tasche auf Seite 102 oder 91,5 cm bei der großen Tasche. Bei der Länge der Träger können Sie nach Lust und Laune variieren.

ANLEITUNG

1. Legen Sie zwei Lagen Trägerstoff (1 × Futterstoff, 1 × wattierter Oberstoff) mit rechts aufeinander und nähen Sie die Träger der Länge nach an beiden Seiten zu.

2. Drehen Sie die Träger auf rechts und steppen Sie die Kanten der Länge nach auf beiden Seiten. Legen Sie die Träger beiseite.

Tipp Wenn Sie Innen- oder Außentaschen haben möchten, folgen Sie der entsprechenden Anleitung für den *Abenteurer-Rucksack* (Seiten 32–37). Die Taschen müssen gearbeitet werden, bevor Sie Futterstoff und Oberstoff zusammennähen.

3. Nehmen Sie den Futterstoff und falten Sie ihn in der Mitte mit rechts aufeinander. Nähen Sie an beiden Seitenkanten von oben mit 10 mm Nahtzugabe 7,5 cm weit.

4. Nehmen Sie die gesteppte Außenseite und wiederholen Sie Schritt 3 mit den rechten Seiten aufeinander. Nähen Sie nur 7,5 cm zu.

5. Legen Sie das Futter direkt auf den gesteppten Außenstoff, sodass die obere, die untere und die seitlichen Kanten eine Linie bilden. Ab der Stelle, an der die 7,5 cm langen Nähte enden, in Position heften.

6. Legen Sie die Teile Ihrer Handarbeitstasche auf eine Schneidematte mit Linealeinteilung (oder legen Sie ein Lineal seitlich an), sodass die Faltkante bei 0 liegt. Schieben Sie die untere Falte im Futterstoff zwischen den eigenen Lagen bis zur 12,5-cm-Markierung auf der Schneidematte hoch. Liegt die Falte bei 12,5 cm an, sind die beiden neu entstandenen Falten je 6,25 cm tief (siehe Matte). Der Taschenboden ist 12,5 cm tief.

Tipp Je nachdem wie groß der Taschenboden sein soll, wählen Sie eine Zahl und teilen sie durch 2. Soll der Boden 20,5 cm tief sein, ziehen Sie die Falte bis 20,5 cm hoch, sodass die neuen Bodenfalten je 10,25 cm tief sind, wenn Sie bei 0 anfangen.

7. Schieben Sie dann auch die Bodenfalte im Oberstoff zwischen den eigenen Lagen bis zur 12,5-cm-Marke hoch.

8. Heften Sie alle Lagen zusammen.

9. Nähen Sie mit 2 cm Nahtzugabe von unterhalb der 7,5-cm-Markierung bis zum Ende der Falten, auf beiden Seiten der Tasche.

10. Drehen Sie die Außenseite der Handarbeitstasche auf rechts und lassen Sie den Futterstoff innen.

11. Suchen Sie die Mitte der oberen Schnittkante und positionieren Sie die Träger mindestens 12,5 cm voneinander und 6,5 cm von der Mitte entfernt. Sie können den Abstand je nach Größe der Tasche und Länge der Träger vergrößern oder verkleinern.

12. Nähen Sie den Träger 2 cm weit am Oberstoff fest, indem Sie eine U-Form mit einem „X" in der Mitte für zusätzlichen Halt beschreiben.

13. Wiederholen Sie die Schritte 11–12 für alle Träger-Enden.

14. Zum Abschluss des oberen Taschenrands glätten Sie zunächst die Seitennähte, damit sie weniger wulstig sind. Schlagen Sie den gesteppten Oberstoff für einen 2,5 cm breiten einfachen Saum zur Innenseite der Tasche hin um, zwischen die beiden Lagen. Schlagen Sie den Saum zunächst an den Nähten um und heften Sie ihn fest, dann in der Mitte und zum Schluss an den Trägern.

15. Schlagen Sie einen 2,5 cm breiten Saum des Futterstoffs nach außen hin um. Falten und heften Sie den Saum, wie in Schritt 14 beschrieben.

16. Wenn die beiden Lagen zueinander umgeschlagen und gleichmäßig zusammengeheftet sind, steppen Sie um die Faltkanten herum (einfache oder Ziernaht), um die Tasche abzuschließen. Entfernen Sie dabei alle Stecknadeln.

Tipp Wenn Sie einen einfarbigen Stoff für die Außenseite Ihrer Tasche gewählt haben und einen Streifen anbringen möchten, wie bei der Tasche in der Abbildung unten, können Sie dies vor Abschluss von Schritt 4 der Hauptanleitung tun.

1. Legen Sie einen 5 cm breiten Stoffstreifen mit dem Gesicht nach unten 12,5 cm unterhalb der oberen Kante quer über die Tasche.

2. Nähen Sie die obere Schnittkante des Streifens und schlagen Sie ihn dann hoch.

3. Schlagen Sie 6 mm der neuen oberen Schnittkante unter und heften Sie den Streifen in Position.

4. Steppen Sie sowohl die obere als auch die untere Faltkante des Streifens.

Wiederholen Sie alle Schritte, um am anderen Ende des Oberstoffs (nach dem Zusammennähen die andere Seite) einen Streifen anzubringen. Achten Sie darauf, dass sich die Enden der Streifen treffen.

Eddie, die Glühbirne

Hallo, ich bin Eddie und habe eine glänzende Idee. Eigentlich sprühe ich nur so vor guten Ideen. Ständig geht mir ein Licht auf, der Strom von Ideen reißt nie ab und hält mich ganze Nächte lang wach. Sobald ich eine Idee habe, versuche ich, sie aufzuschreiben, um sie mir aus dem Kopf zu schlagen, aber die nächste lässt nicht lange auf sich warten. Manchmal ist es ermüdend, aber das haben Glühbirnen nun mal so an sich. Ich kann Ihnen helfen, auch viele Ideen zu entwickeln.

Glühbirnen wie mich gibt es in allen erdenklichen Farben und Größen. Ich bin zwar klein, aber sehr nützlich, denn ich bewahre alle Ihre kleinen Näh- und Stecknadeln für Sie auf. Wenn Sie mich größer machen, bette ich Ihren Kopf im Schlaf, damit Sie nach einer geruhsamen Nacht wieder viele neue Ideen haben.

Dies war das erste dreidimensionale Projekt, das ich noch zu Schulzeiten im Kunstunterricht entworfen habe. Wir sollten einen Alltagsgegenstand aus einem anderen als dem üblichen Material herstellen und ihm so einen neuen Nutzen geben. Machen Sie aus der Glühbirne ein Nadelkissen oder vergrößern Sie das Muster so, dass Sie ein witziges Kissen bekommen.

FERTIGE LÄNGE: 23 cm

SIE BRAUCHEN

Schablonen (Seite 124) • Stoff: 1 Fat Quarter (ca. 55 cm × 50 cm) (oder 2 für mehr Abwechslung) für das Nadelkissen; die Maßangaben für das Kissen hängen davon ab, wie stark Sie das Muster vergrößern (3,20 m bei 400% Vergrößerung) • Musselin (gleiche Mengen) • Füllung • Nähgarn • Einfaches Nähwerkzeug (Seiten 8–10)

ANLEITUNG

1. Schneiden Sie die Teile des Glühbirnenmusters aus dem Stoff Ihrer Wahl zu.

2. Legen Sie zwei der oberen Glühbirnenteile mit rechts aufeinander.

3. Nähen Sie entlang einer Kante von unten bis zur oberen Mitte.

4. Schlagen Sie die ersten beiden Teile auf und legen Sie ein drittes Teil auf das rechte Segment, mit rechts aufeinander.

5. Nähen Sie entlang der Kante von unten bis zur oberen Mitte.

6. Wiederholen Sie die Schritte 4–5, bis alle Glühbirnenteile zusammengenäht sind.

7. Immer noch mit den rechten Seiten zusammen nehmen Sie das erste Glühbirnenteil und das letzte und nähen von unten entlang der Kante etwa 1,5 cm nach oben. Lassen Sie 2,5 cm bis 5 cm zum Wenden und Ausstopfen offen und nähen Sie dann den Rest bis oben zu.

8. Drehen Sie den oberen Teil der Glühbirne vorübergehend auf rechts und legen Sie ihn beiseite.

9. Legen Sie ein Teil der Glühbirnenfassung aus Oberstoff auf ein Fassungsteil aus Musselin. Zeichnen Sie mit einem Textilmarker und dem Musterleitfaden oder einem Lineal zwei diagonale Linien auf den Stoff.

Tipp Markieren Sie die diagonalen Linien auf dem Musselin, damit Sie die Tinte nicht auswaschen müssen. Ich habe die Linien nur für die Abbildungen auf der schönen Stoffseite angezeichnet.

10. Nähen Sie eine der schrägen Linien im Laufstich.

11. Füllen Sie den diagonalen Kanal zwischen den beiden angezeichneten Linien leicht. Heften Sie die zweite, noch nicht genähte Linie in Position. Dies wird das erhöhte „Gewinde" der Glühbirnenfassung. Wenn Sie es zu fest ausstopfen, verzieht sich der Stoff.

12. Wenn Sie die zweite Linie vollständig geheftet haben, nähen Sie sie im Laufstich.

13. Wiederholen Sie die Schritte 9–12, um die andere Hälfte der Fassung zu arbeiten.

14. Legen Sie die beiden Fassungshälften mit rechts aneinander und nähen Sie sie am kürzeren Ende zusammen.

15. Falten Sie die beiden Teile mit rechts aufeinander und nähen Sie das andere kurze Ende zusammen.

16. Legen Sie die fertige Fassung mit der linken Seite nach außen um das Ende der Glühbirne (die zurzeit mit rechts nach außen zeigt), sodass die rechten Seiten aufeinanderliegen.

17. Richten Sie die Schnittkanten der Glühbirne und das fertige Fassungsteil aneinander aus und heften Sie um die Schnittkante herum.

18. Nähen Sie die beiden Teile um die Schnittkante herum zusammen.

19. Drehen Sie die gesamte Glühbirne auf links und legen Sie sie beiseite.

20. Für das Endteil mit dem elektrischen Kontakt nehmen Sie das entsprechende Muster und legen es auf ein rundes Stück Musselin. Mit einem Marker und dem Musterleitfaden ziehen Sie den kleineren Kreis auf dem Stoff mittig nach. (Ich würde auch hier empfehlen, auf der Musselin-Seite zu arbeiten.)

21. Nähen Sie zu Dreivierteln im Laufstich um den kleinen Kreis herum.

22. Stopfen Sie den Kreis leicht aus und nähen ihn zu. Auch hier gilt: Wenn Sie zu fest ausstopfen, verzieht sich der Stoff.

23. Mit der Glühbirne auf links heften Sie das Teil mit dem elektrischen Kontakt am Ende der Fassung in Position.

24. Nähen Sie einmal um die Schnittkante herum, um die letzten beiden Teile zu verbinden.

25. Schneiden oder kerben Sie die Nahtzugabe an allen runden Kanten ein, ohne die Naht zu verletzen.

26. Drehen Sie die gesamte Glühbirne auf rechts und stopfen Sie sie nach Belieben aus.

Tipp Aus der Glühbirne wird ein tolles Nadelkissen, das Ihre Näh- und Stecknadeln schärft, wenn Sie es mit Walnussschalen, Sandstrahl-Glasperlen oder Schmirgelsand füllen.

27. Schließen Sie die Öffnung mit einer Zaubernaht.

Die Reisenden: HAPPY & KITTY

Hallöchen, ich bin der Wohnwagen Happy und das ist Kitty der Kombi. Wir sind schon durch das ganze Land gereist, haben uns die Sehenswürdigkeiten angeschaut und jede Menge Spaß gehabt. Im letzten Sommer waren wir in Kalifornien und Utah. Wir sind nicht lange geblieben, bevor wir nach Texas zurückgekehrt sind, wo unser Zuhause ist. Zwischen unseren Reisen machen wir hier Station, denn wir lieben die Cowboys und Hamburger bei den Rodeos.

Auch wenn wir es immer genießen, zwischendurch eine Weile zu Hause zu sein, ist es höchste Zeit, dass wir nach Osten fahren, um den Altweibersommer mit den bunten Wäldern zu erleben. Ich habe gehört, dass das Farbenspiel zu dieser Jahreszeit besonders schön ist. Es dauert aber nicht lange, bis der erste Schnee fällt, also sollten wir bald aufbrechen. Was meinen Sie? Wollen Sie mitkommen? Wir haben gern Gesellschaft. Sie sollten aber Freude daran haben zu singen, unter freiem Himmel zu schlafen und Marshmallows am Lagerfeuer zu rösten.

Seien Sie nicht überrascht, wenn bei der Arbeit an diesem Oldtimer-Kombi mit Anhänger Erinnerungen an die gute alte Zeit hochkommen, als Sie im Bulli mit der Familie im Schlepptau die Welt unsicher gemacht haben.

FERTIGE LÄNGE: Wohnwagen 18 cm, Kombi 15 cm

SIE BRAUCHEN

Schablonen (Seite 124) • Stoff: 1 Fat Quarter (ca. 50 cm × 55 cm) oder zwei für mehr Abwechslung (ergibt 2 Wohnwagen oder 2 Kombis oder je 1); 7,5 cm breiter Streifen, mindestens 51 cm lang • Reste einer schweren Verstärkungseinlage (nur für den Wohnwagen) • Reste von durchsichtigem Vinyl • Füllung • Knöpfe: 2 winzige, 1 kugelförmiger und (3) 2 cm große stoffbespannte Knöpfe für den Wohnwagen • Nähgarn • Rest einer Zierkordel für die Anhängerkupplung des Kombis • Einfaches Nähwerkzeug (Seiten 8–10)

ANLEITUNG FÜR DEN WOHNWAGEN

1. Schneiden Sie die Teile für den Wohnwagen aus dem Stoff Ihrer Wahl zu. Die Seiten des Wohnwagens können aus einem Stück gearbeitet oder zusammengesetzt werden. Sie können zwei Stoffe mit rechts zusammennähen und dann die Seitenteile in einem beliebigen Winkel oder gerade ausschneiden.

2. Für die Tür legen Sie zwei Türteile aus Stoff mit rechts aufeinander. Wenn Sie die Seiten des Wohnwagens nicht aus einem einzigen Stück gearbeitet haben (wie in der Abbildung), achten Sie darauf, dass die Naht an der Tür mit der Naht am fertigen Wohnwagen eine Linie bildet.

3. Nähen Sie die Türteile mit rechts aufeinander zusammen und lassen Sie eine kleine Öffnung zum Wenden und in die Naht einnähen.

4. Kerben Sie die obere runde Kante der Tür ein und drehen Sie sie auf rechts.

5. Legen Sie die fertige Tür mit dem Gesicht nach unten auf das Wohnwagenteil (es sieht so aus, als sei die Tür geöffnet), richten Sie die Tür aus und lassen Sie genug Platz für die untere Nahtzugabe.

6. Nehmen Sie das letzte Teil der Stofftür und zeichnen Sie auf der linken Seite mit einem Textilmarker den Türrahmen und die Türöffnung an.

7. Legen Sie dieses Türteil (schneiden Sie den Türrahmen oder die Öffnung noch nicht aus) mit den rechten Seiten zusammen auf die Wohnwagenseite, sodass die Schnittkante der Tür in die Naht der Türöffnung genäht wird.

8. Nähen Sie dieses Teil an, indem Sie entlang der in Schritt 6 gezogenen Linie um die Türöffnung herum nähen.

9. Zeichnen Sie eine kleinere Türöffnung 6 mm von der Naht entfernt, die Sie gerade genäht haben, und schneiden Sie direkt in der Mitte vorsichtig ein Loch und dann entlang der neuen Linie.

10. Schneiden Sie die innere Nahtzugabe ein und unbedingt auch die beiden unteren Ecken. Schneiden Sie möglichst dicht an die Naht heran, ohne diese zu verletzen.

Tipp Auch wenn in der Abbildung der Türrahmen ausgeschnitten ist (um die Positionierung zu zeigen), würde ich empfehlen, die Außenkante erst nach Abschluss der Schritte 11–14 zu versäubern.

11. Drehen Sie das gesamte Seitenteil um. Nachdem der Rahmen nach innen gewendet wurde, bügeln Sie ihn auf der Innenseite.

12. Schneiden Sie ein Stück Vinyl ab und positionieren es auf der linken Seite des Wohnwagenteils in der Tür.

13. Versuchen Sie, für die Innenseite der Tür ein Motiv auszuschneiden („Fussy cut"). Legen Sie es mit rechts nach unten auf das Vinylteil und heften Sie es in Position. Drehen Sie das gesamte Seitenteil des Wohnwagens um.

14. Steppen Sie um die gesamte Tür herum, um das Vinyl und den Stoff zu befestigen.

15. Versäubern Sie die Außenkante des Türrahmens und den Stoff und schneiden Sie überschüssiges Vinyl weg.

16. Nach Abschluss der Tür folgen Sie den Schritten 6–15 unter Zuhilfenahme der Fensterschablonen, um die Fenster für die beiden Wohnwagenseiten zu machen. Legen Sie diese Teile dann beiseite.

17. Bevor Sie ein Fenster für die Vorderseite machen (und auch Heckfenster, wenn Sie möchten), bereiten Sie den 7,5 cm breiten Stoffstreifen vor. Wenn Sie mehr als ein Stück Stoff für die Seiten verwendet haben, achten Sie darauf, die geeigneten Teile zuzuschneiden und zu nähen, damit die Stoffe auf einer Linie mit den Nähten am Mittelteil liegen, wie schon bei der Tür. Folgen Sie den Schritten 6–12, um die Öffnung für das vordere Fenster zu machen und das Vinyl anzubringen.

18. Sie können ein bestimmtes Motiv ausschneiden („Fussy Cut") oder das Front-/Heckfenster so aussehen lassen, als hinge innen eine Gardine. Nehmen Sie ein größeres Stück Stoff und ziehen Sie eine Raffnaht knapp oberhalb und knapp unterhalb der Fensteröffnung durch. In Position heften.

19. Drehen Sie die Teile mit rechts nach oben. Steppen Sie um die Fensteröffnung herum. Drehen Sie die Teile mit rechts nach unten und schneiden Sie überschüssige Teile am Fenster, der Gardine oder dem Vinyl weg.

20. Nähen Sie zwei Seiten der Anhängevorrichtungsteile mit den rechten Seiten aufeinander zusammen, mit der schweren Verstärkungseinlage obenauf, und schneiden Sie die Spitze ab.

21. Drehen Sie die Teile auf rechts und nähen Sie die Schnittkante der Anhängevorrichtung am Ende des 7,5 cm breiten mittigen Streifens an.

22. Heften Sie den 7,5 cm breiten Stoffstreifen um beide Wohnwagenkanten herum, sodass die Anhängevorrichtung unten an der Vorderseite des Wohnwagens positioniert ist und alle rechten Seiten nach innen zeigen. Achten Sie darauf, dass der Streifen eine Linie mit den Nähten auf den Seiten des Wohnwagens bildet.

23. Nähen Sie den Streifen an den Seiten fest, entfernen Sie dabei die Nadeln und schneiden Sie das Ende des Streifens auf die richtige Länge ab. Stecken Sie die Anhängevorrichtung nach innen.

24. Nähen Sie den Anfang des Streifenteils und das Ende des Streifens nur an den äußeren Ecken zusammen. Lassen Sie die Mitte zum Wenden und Ausstopfen offen.

25. Kerben Sie vorsichtig alle runden Kanten ein, ohne die Nähte einzuschneiden.

26. Drehen Sie den Wohnwagen auf rechts, stopfen Sie ihn nach Belieben aus und schließen Sie die Öffnung unterhalb der Anhängevorrichtung mit einer Zaubernaht.

27. Nähen Sie am Heck des Wohnwagens einen stoffbespannten Knopf als „Reserverad" an sowie zwei stoffbespannte Knöpfe auf den Seiten als Reifen.

28. Nähen Sie zwei winzige Knöpfe für die Türklinken an sowie einen kugelförmigen Knopf, der die Anhängerkupplung darstellt. Auf Wunsch können Sie ein kurzes Stück Faden um die Türknöpfe herumwickeln, um die Tür geschlossen zu halten (nicht abgebildet).

ANLEITUNG FÜR DEN KOMBI

Die Anleitung für den Kombi ähnelt der für den Wohnwagen. Sie entscheiden, wie einfach oder detailreich der Kombi sein soll, indem Sie bestimmte Muster und einfarbige Stoffe kombinieren, wie ich es an den Seiten (für den Streifen) und am Dach gemacht habe (für einen altmodischen Look), bevor Sie die Teile des Musters zuschneiden.

Für den Kombi folgen Sie den Schritten unten, die auf der Wohnwagen-Anleitung aufbauen.

1. Folgen Sie der Wohnwagen-Anleitung – Schritt 1.

2. Nach dem Zuschnitt der Musterteile überspringen Sie die Schritte 2–5 der Wohnwagen-Anleitung, da der Kombi keine Eingangstür hat. Folgen Sie den Schritten 6–15 der Anleitung, um die Seitenfenster sowie die Front- und Heckscheibe zu machen. Die Nahtzugabe ist bei den Fenstern am Kombi sehr klein. Achten Sie darauf, die Fenster nicht größer als im Muster angegeben zu machen.

3. Sofern Sie nicht möchten, dass die Heckscheibe auch am Kombi so aussieht, als habe sie eine Gardine, überspringen Sie die Schritte 17–21 der Wohnwagen-Anleitung.

4. Heften Sie den 7,5 cm breiten Stoffstreifen vollständig um die beiden Seiten des Kombis herum, wie beim Wohnwagen in Schritt 22. Beim Kombi beginnen und enden Sie mit dem Streifen jedoch so, dass er hinten am Kombi an der Stoßstange positioniert ist. Alle rechten Seiten müssen nach innen zeigen.

5. Folgen Sie weiter den Wohnwagen-Schritten 23–25. Drehen Sie den Kombi auf rechts, stopfen Sie ihn nach Belieben aus und schließen Sie die Öffnung an der Stoßstange mit einer Zaubernaht. Bringen Sie eine kleine Schlaufe mit Zierkordel in der Mitte der Stoßstange an, damit Sie den Wohnwagen am Kombi anhängen können.

6. Wie beim Wohnwagen nähen Sie Knöpfe für die Reifen und Türgriffe an. Für den Kombi brauchen Sie vier normale oder stoffbespannte Knöpfe für die Reifen (kleiner als beim Wohnwagen). Die winzigen Knöpfe, die an der Wohnwagentür verwendet wurden, können auch an den Kombitüren zum Einsatz kommen.

Schablonen

DIE WICHTEL

Schablone 50% der Originalgröße, auf 200% vergrößern.
Schnittangaben pro Puppe.

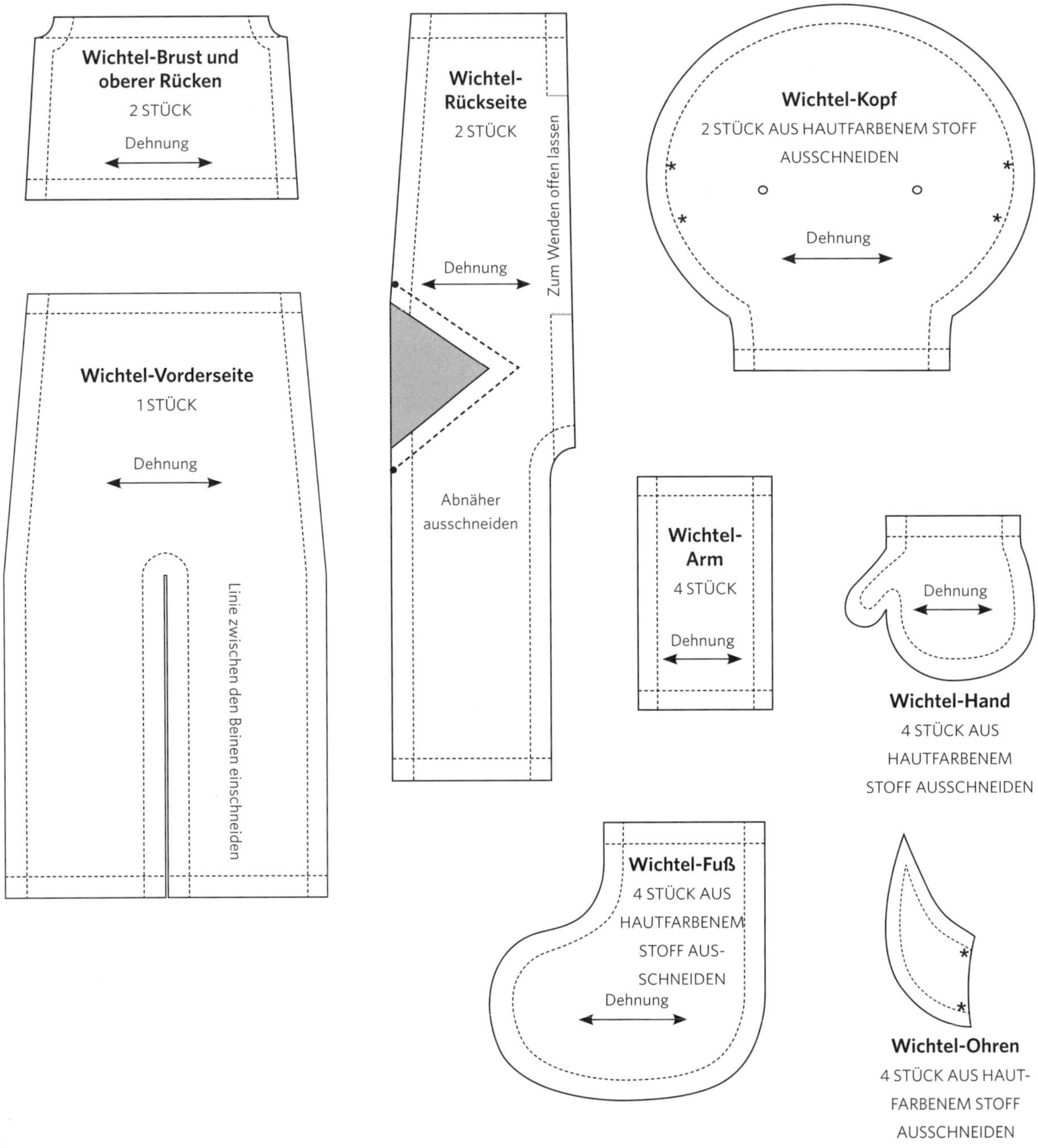

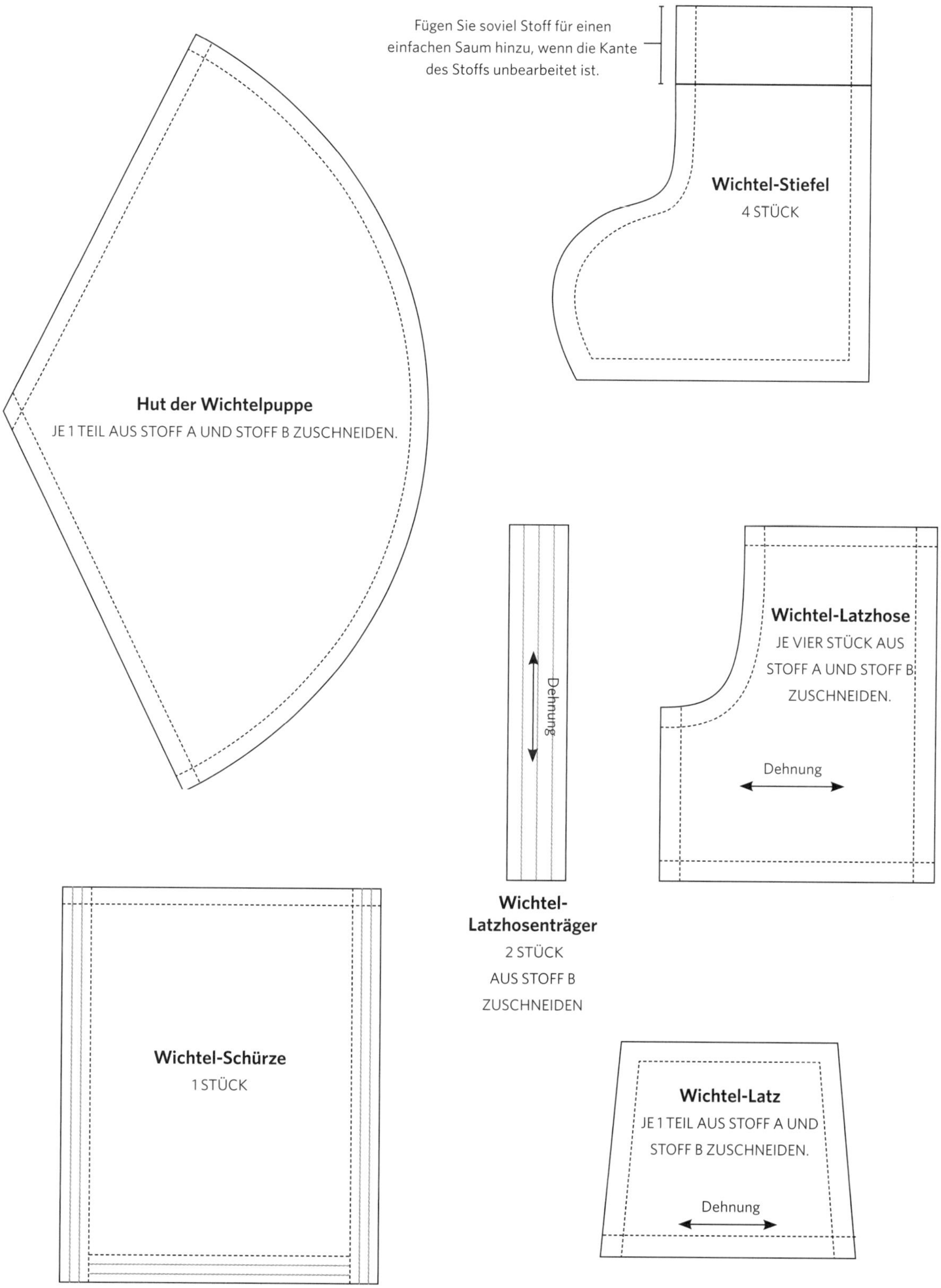
Fügen Sie soviel Stoff für einen
einfachen Saum hinzu, wenn die Kante
des Stoffs unbearbeitet ist.
Wichtel-Stiefel
4 STÜCK
Hut der Wichtelpuppe
JE 1 TEIL AUS STOFF A UND STOFF B ZUSCHNEIDEN.
Dehnung
Wichtel-Latzhose
JE VIER STÜCK AUS
STOFF A UND STOFF B
ZUSCHNEIDEN.
Dehnung
Wichtel-
Latzhosenträger
2 STÜCK
AUS STOFF B
ZUSCHNEIDEN
Wichtel-Schürze
1 STÜCK
Wichtel-Latz
JE 1 TEIL AUS STOFF A UND
STOFF B ZUSCHNEIDEN.
Dehnung

ABENTEUER-RUCKSACK

Schablone 50% der Originalgröße,
auf 200% vergrößern.

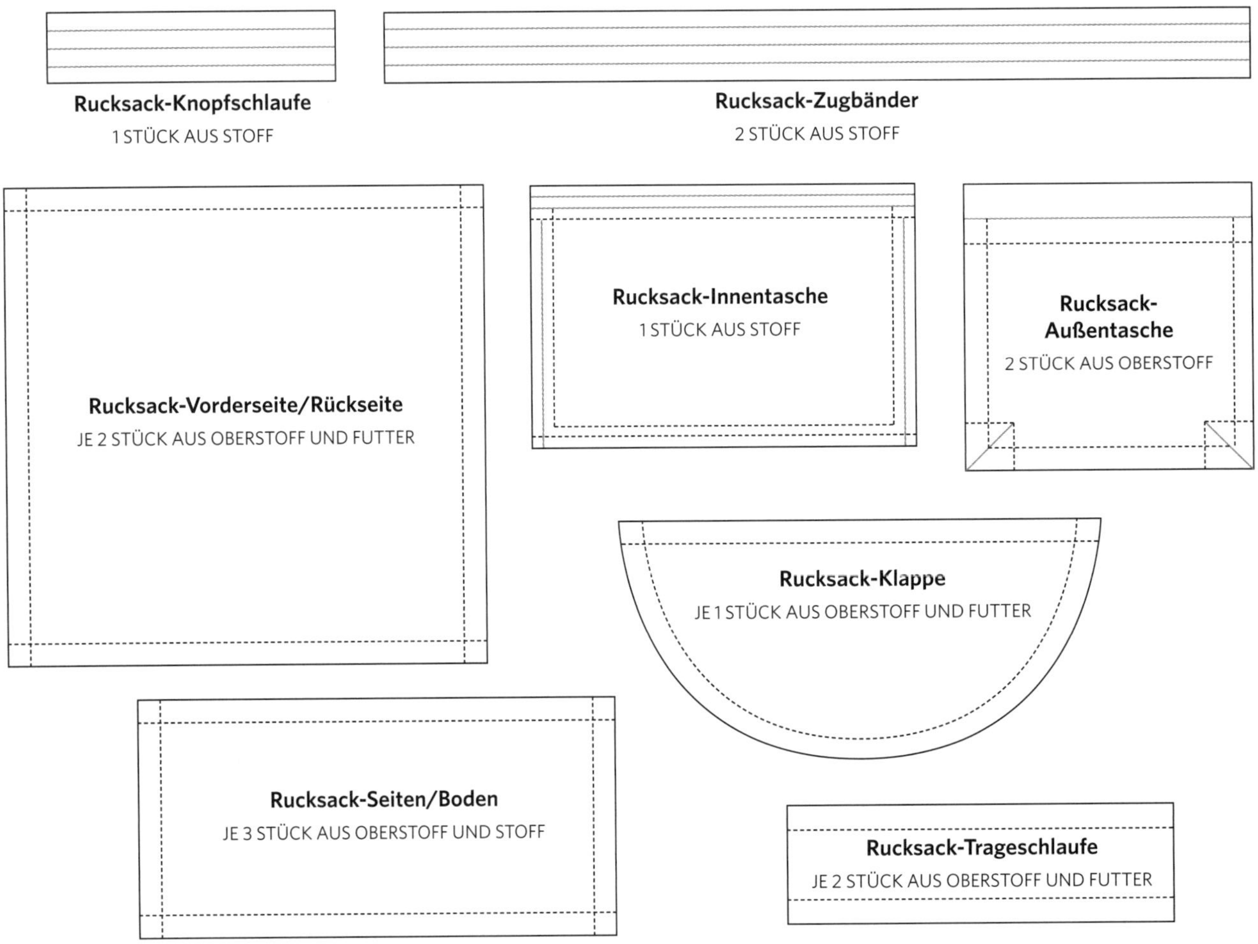

MÄUSE-FREUNDE: MINNA & MOLLY

Schablone 50% der Originalgröße, auf 200% vergrößern.

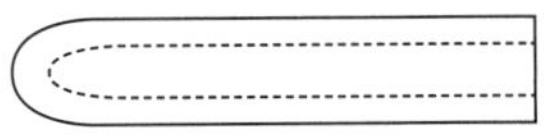

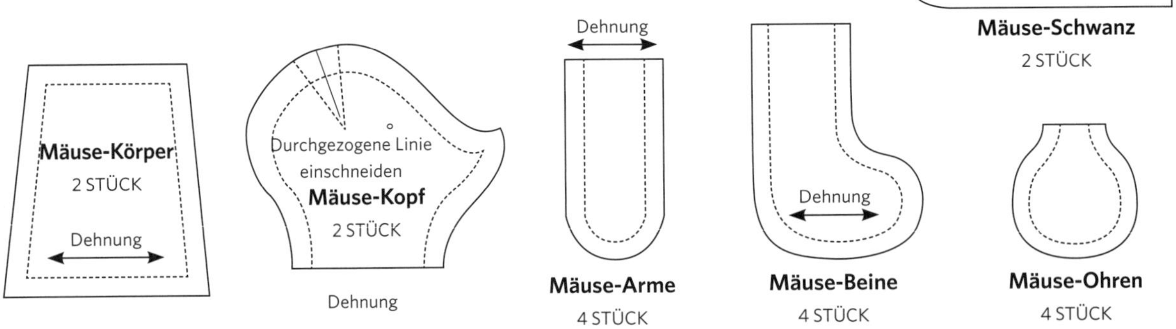

ZAUBERPILZE

Schablone 50% der Originalgröße, auf 200% vergrößern.

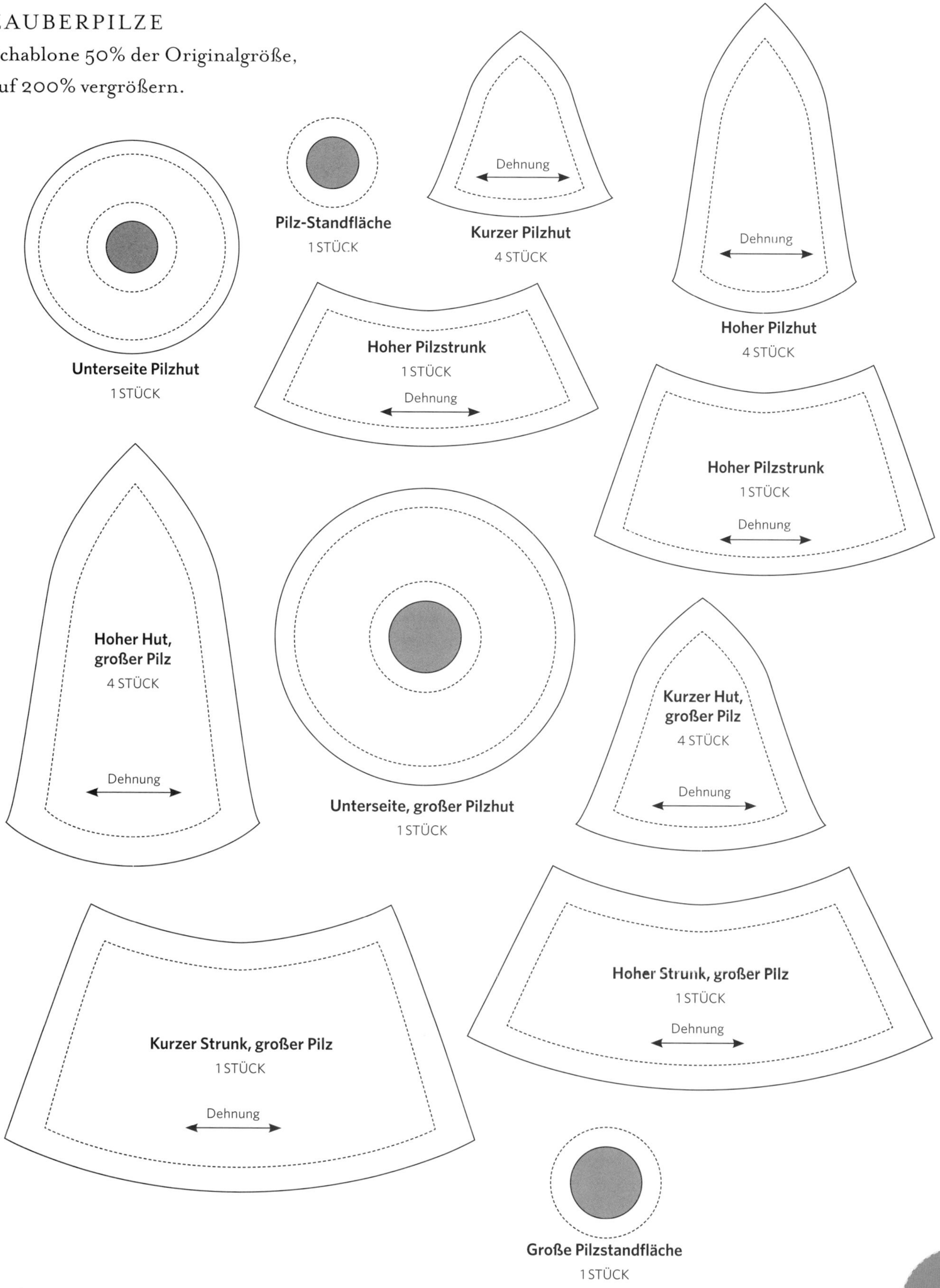

SCHILLER, DIE ZIERSCHILDKRÖTE

Schablone 50% der Originalgröße, auf 200% vergrößern.

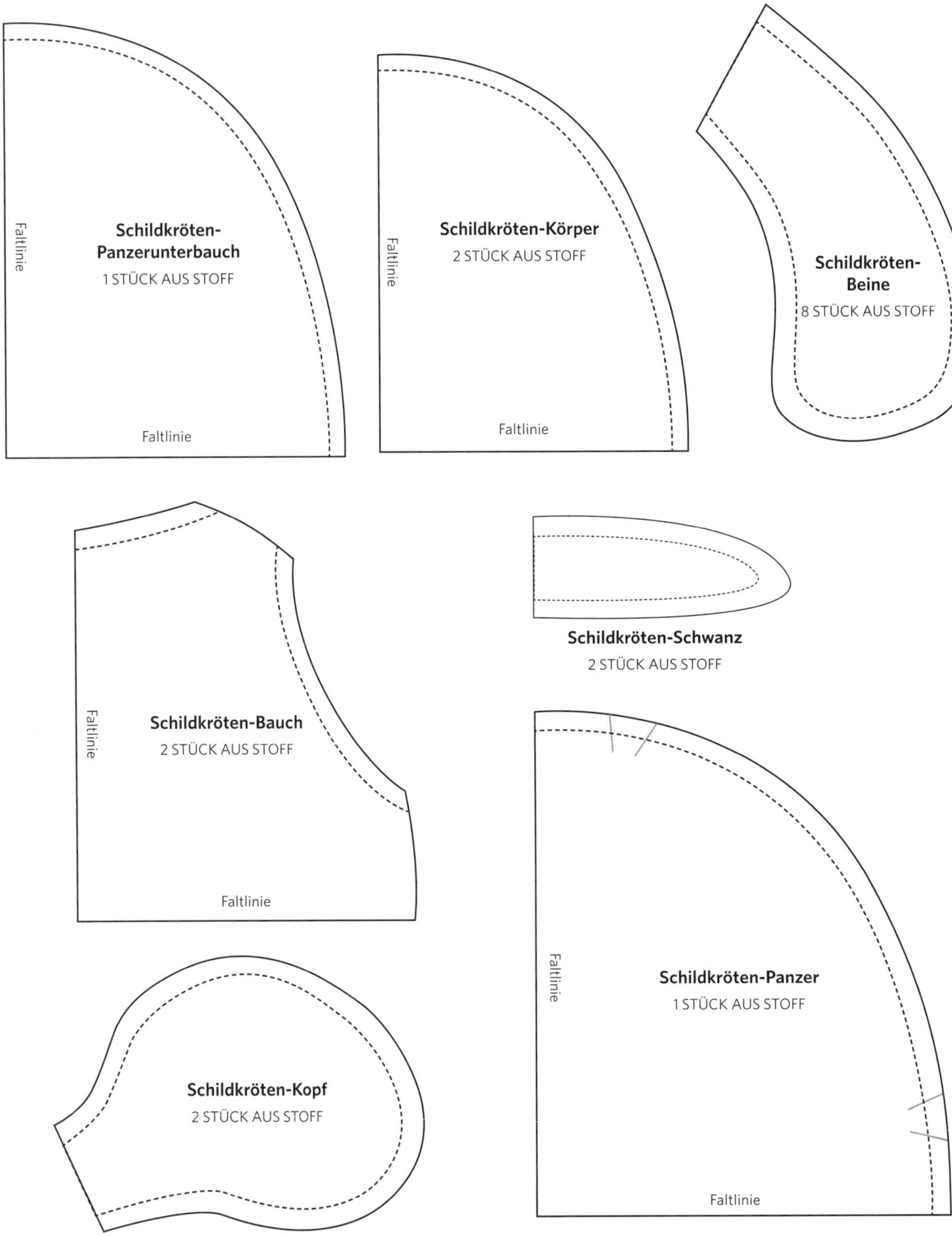

WASSERRATTE, DAS RUDERBOOT

Schablone 50% der Originalgröße, auf 200% vergrößern.

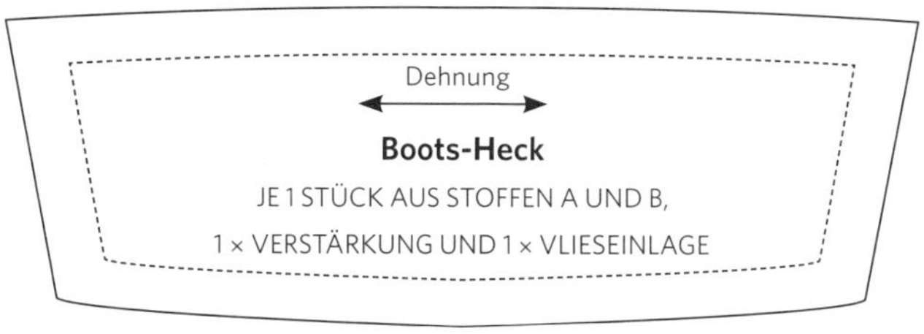

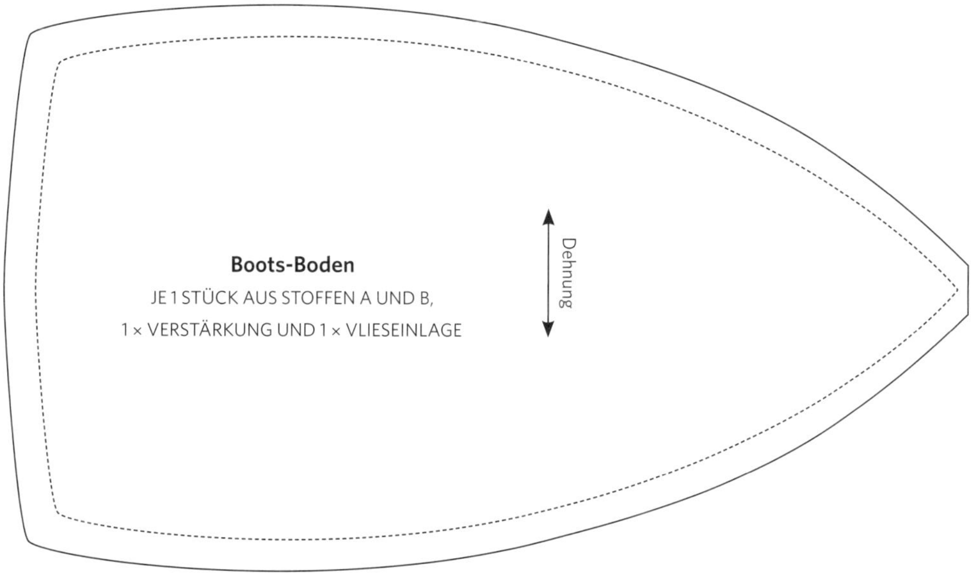

ZWICKIE DER HUMMER

Schablone 50% der Originalgröße, auf 200% vergrößern.

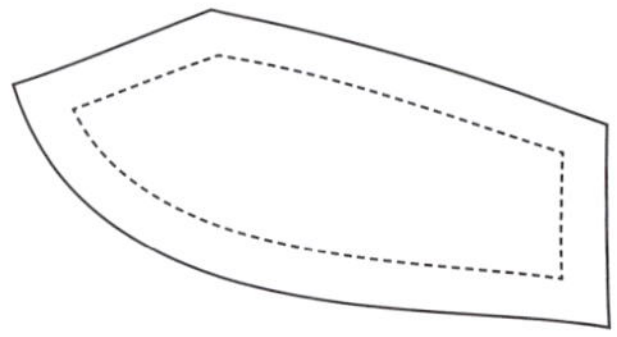

Hummer-Bizeps
4 STÜCK

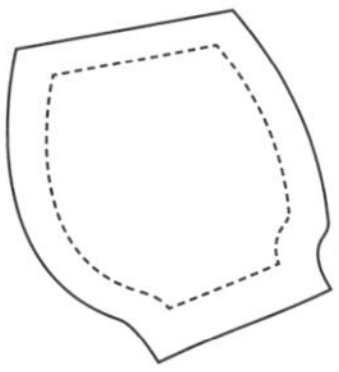

Hummer-Ellenbogen
4 STÜCK

Hummer-Schwanzflosse (Mitte)
4 STÜCK

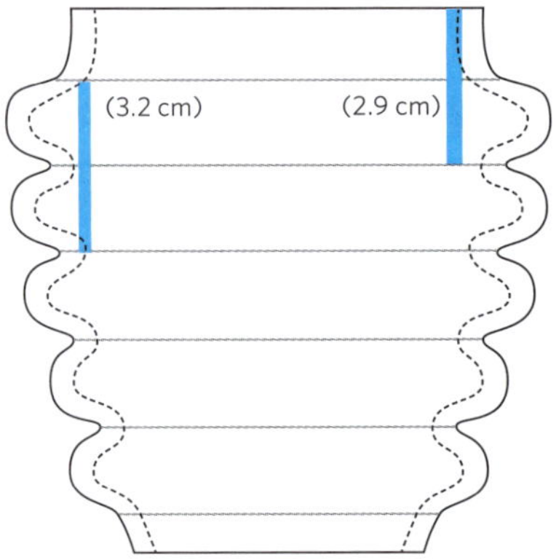

Hummer-Schwanz
1 STÜCK NACH FALTEN EINES 12,5 CM × 26 CM GROSSEN STOFFS ZUSCHNEIDEN UND 1 STÜCK OHNE FALTEN

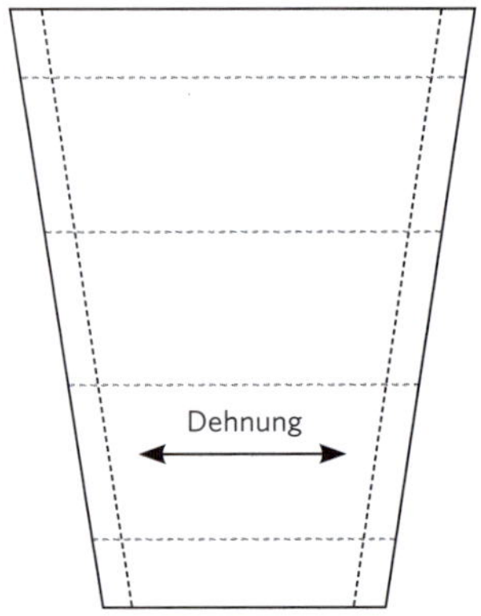

Hummer-Unterseite
1 STÜCK NACH STEPPEN VON (4) 2,5 CM GROSSEN QUERNÄHTEN AUF 10 CM × 15 CM GROSSEM STOFF ZUSCHNEIDEN

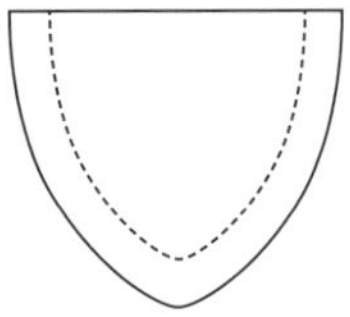

Hummer-Schwanzflosse (oben)
2 STÜCK

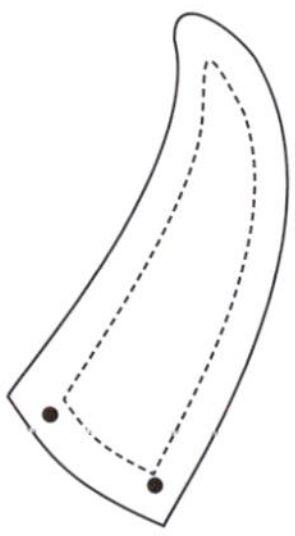

Hummer-Daumen
4 STÜCK

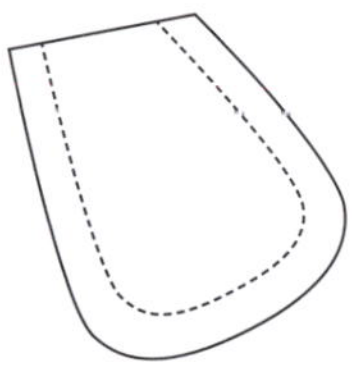

Hummer-Schwanzflosse (unten)
4 STÜCK

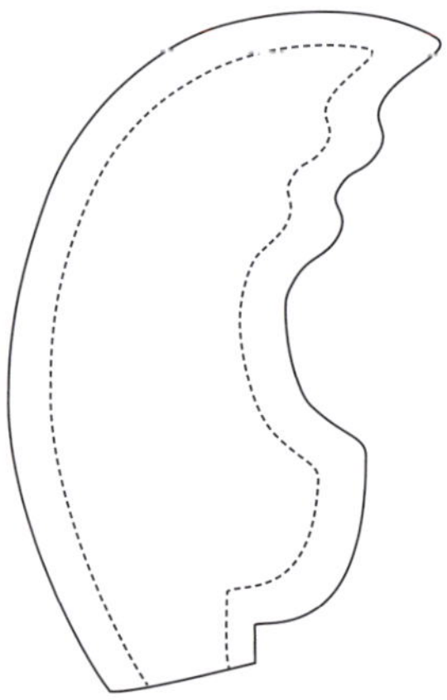

Hummer-Schere
4 STÜCK

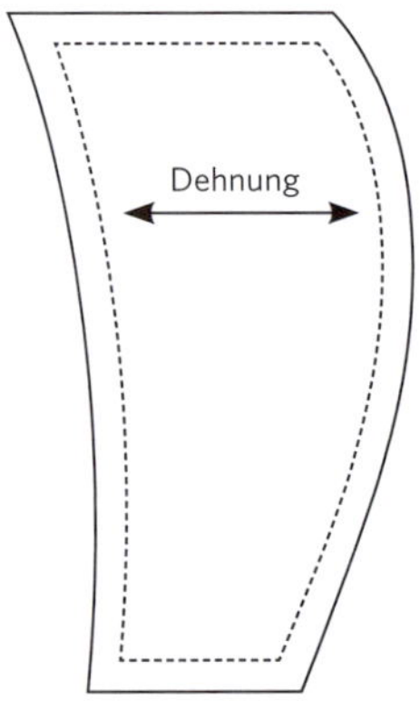

Innenseite Hummer-Schwanz
2 STÜCK

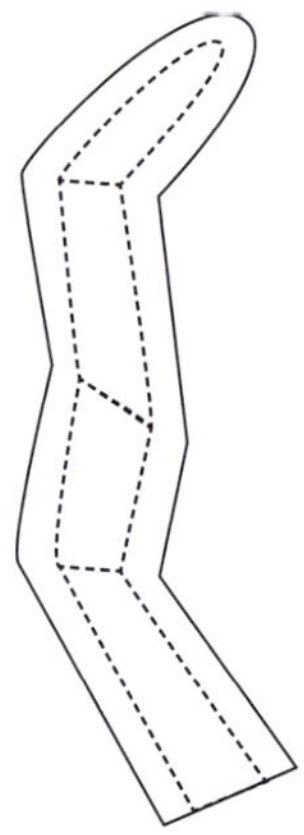

Hummer-Bein
16 STÜCK

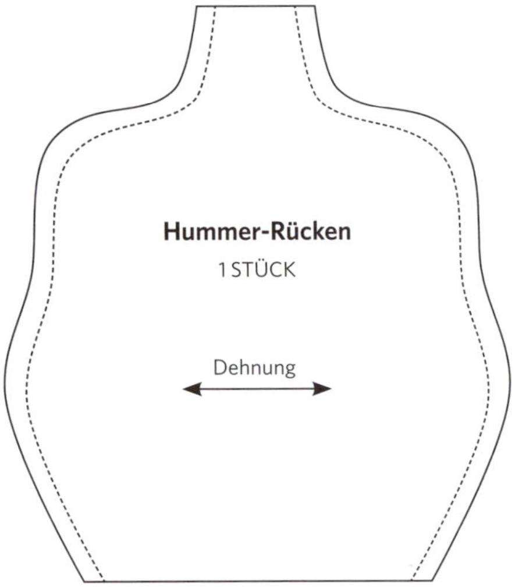

Hummer-Rücken
1 STÜCK

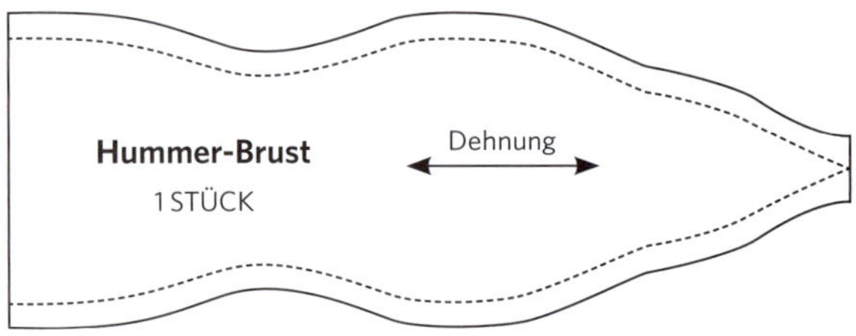

Hummer-Brust
1 STÜCK

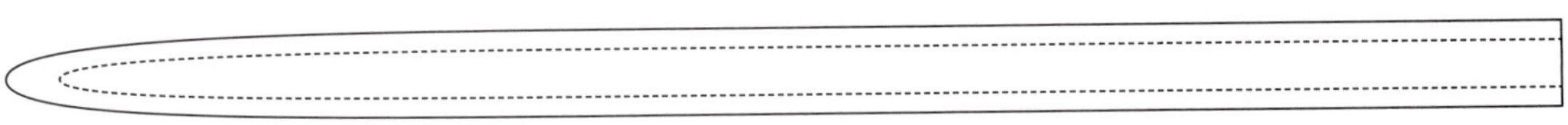

Hummer-Antenne
4 STÜCK

BOB, DIE BOJE

Schablone 50% der Originalgröße, auf 200% vergrößern.

FINN, DER DELFIN (MIT MAMA)

Schablone 50% der Originalgröße, auf 200% vergrößern.

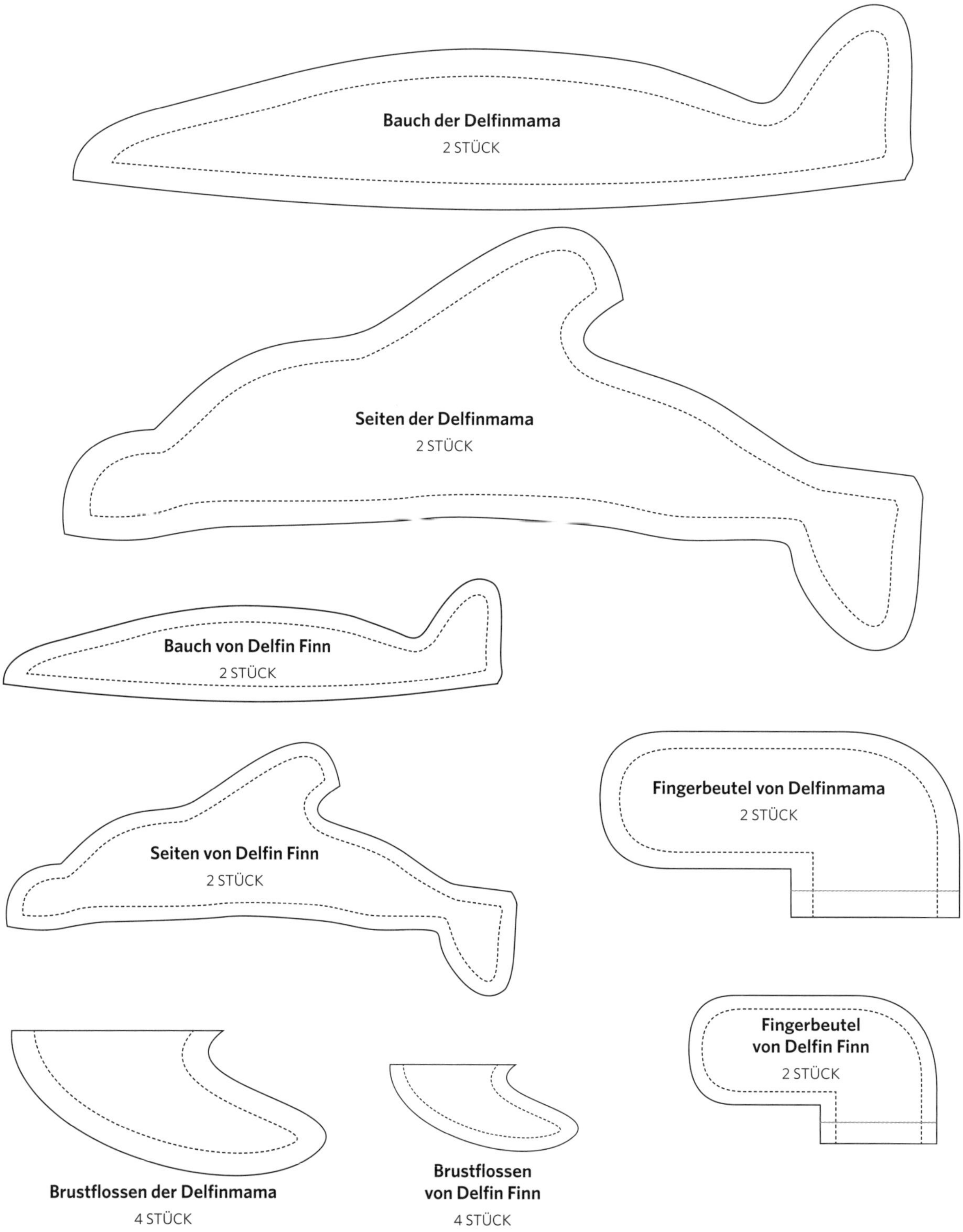

BÄRENFREUNDE: SCHNEEFLOCKE UND EISBLÜMCHEN

Schablone 50% der Originalgröße, auf 200% vergrößern.

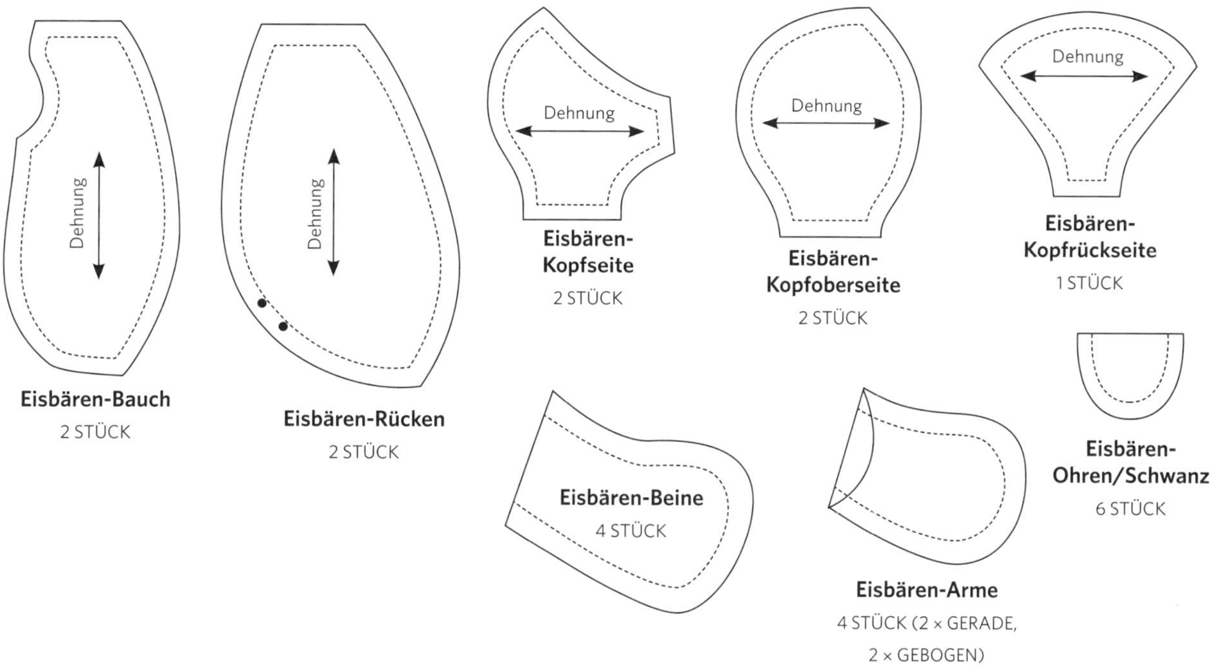

NEPOMUK, DER SCHWERTWAL

Schablone 50% der Originalgröße, auf 200% vergrößern.

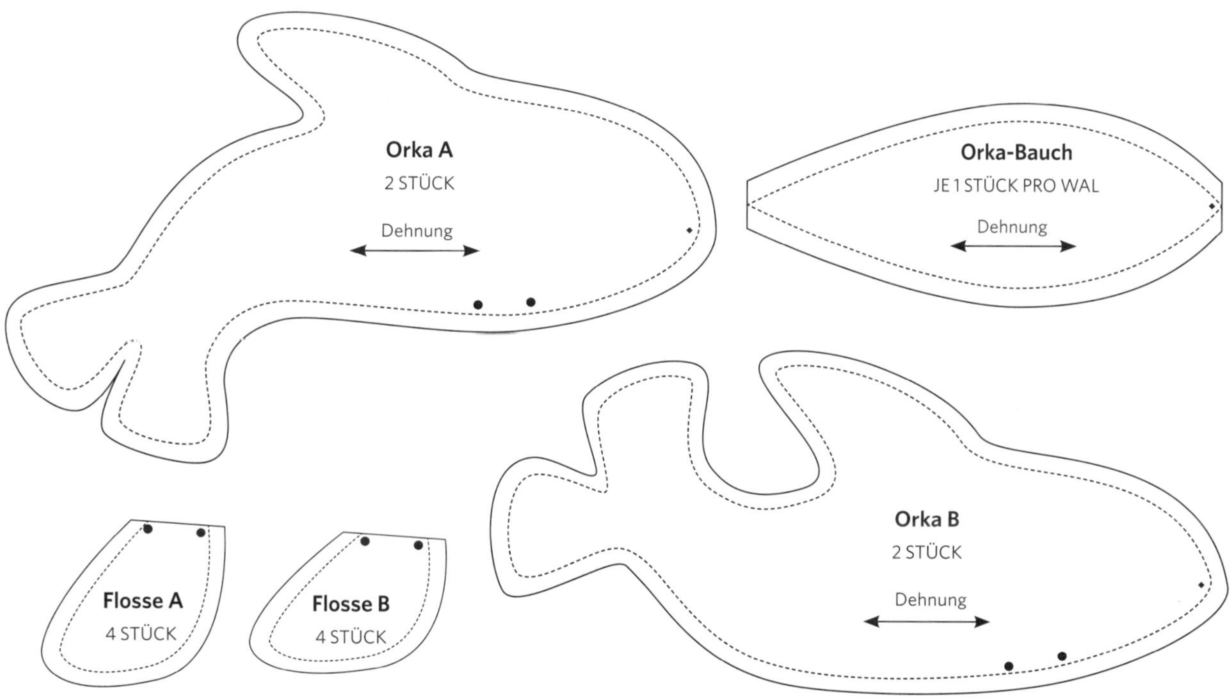

BOBO, DAS IGLU

Schablone 50% der Originalgröße, auf 200% vergrößern.

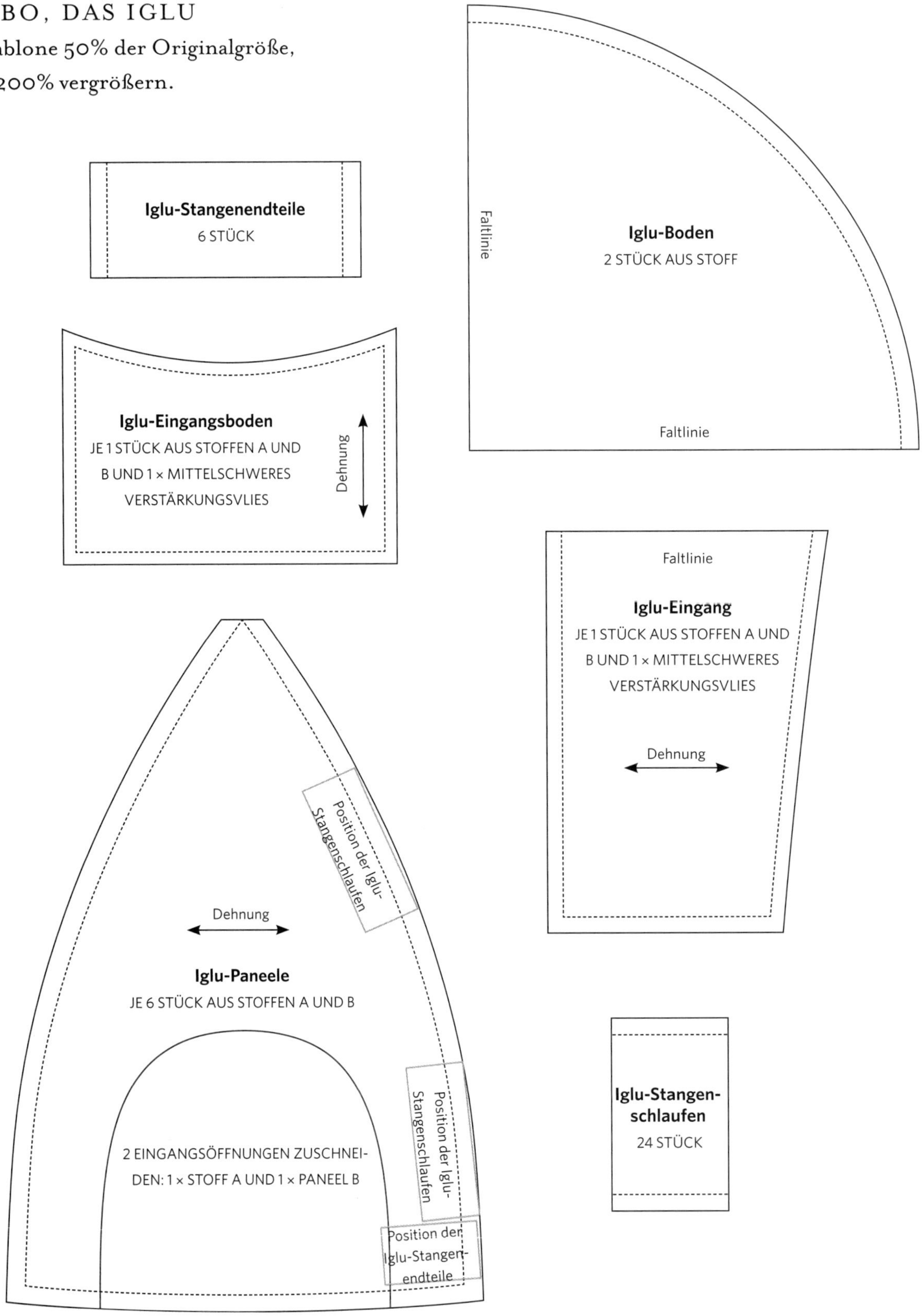

MIMI, DER HEISSLUFTBALLON

Schablone 50% der Originalgröße, auf 200% vergrößern.

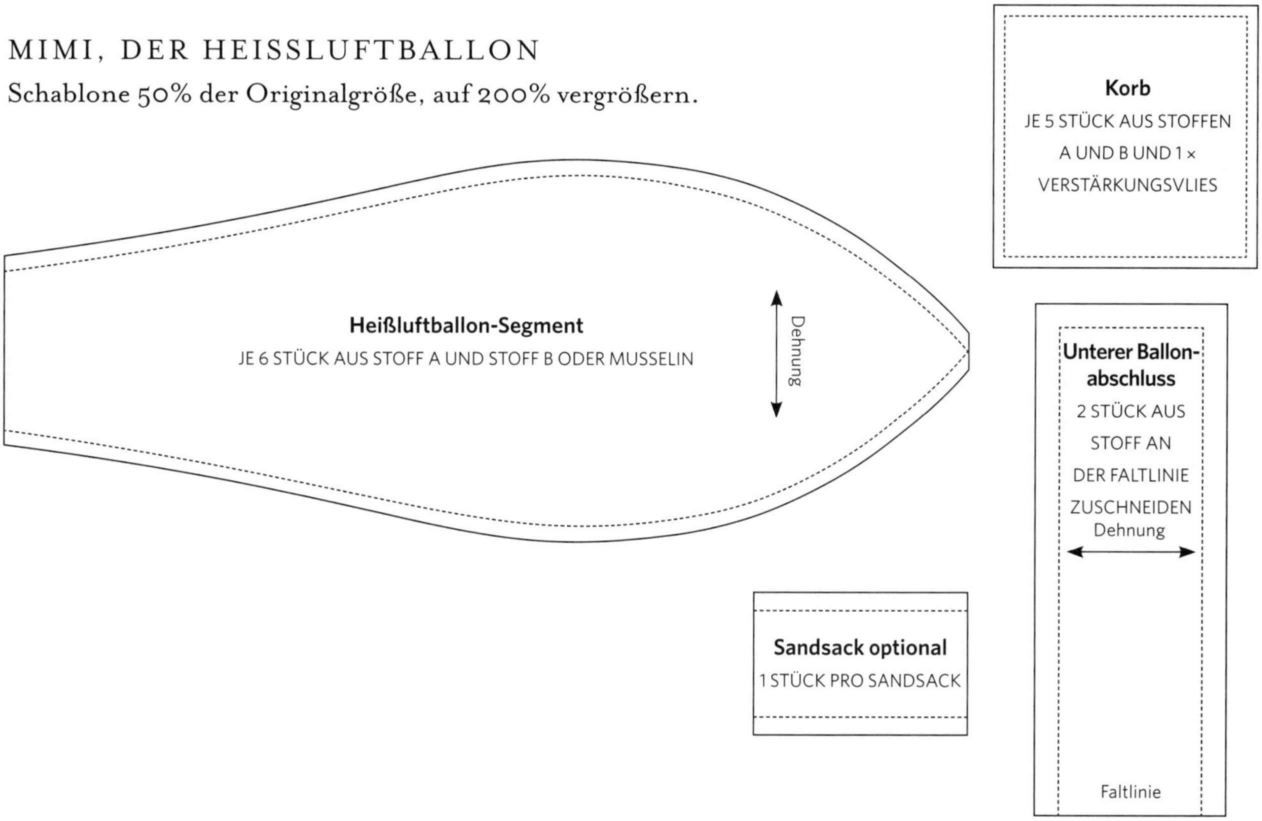

PUPPENKORB

Schablone 50% der Originalgröße, auf 200% vergrößern.

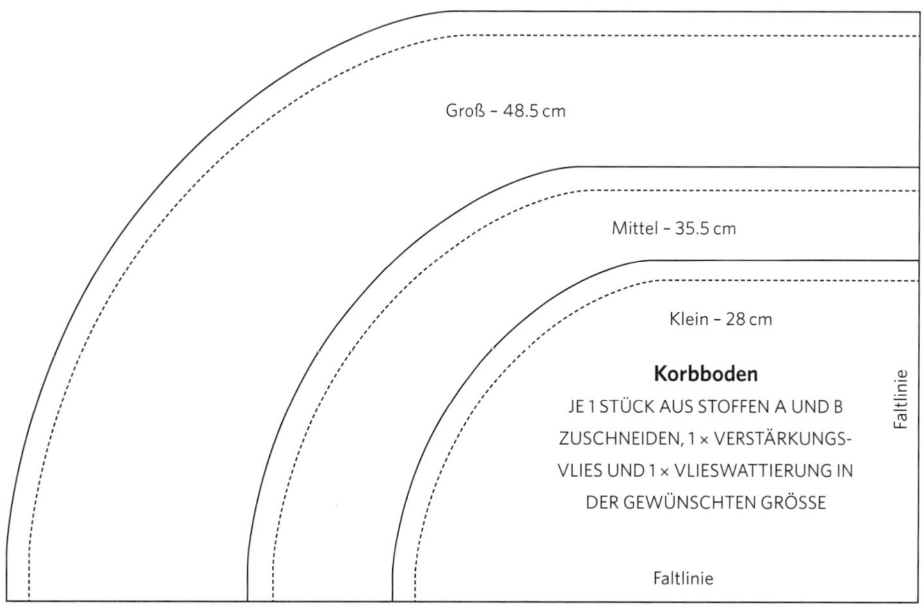

EDDIE, DIE GLÜHBIRNE

Schablone 50% der Originalgröße, auf 200% vergrößern für Nadelkissen, auf 400% für Kissen

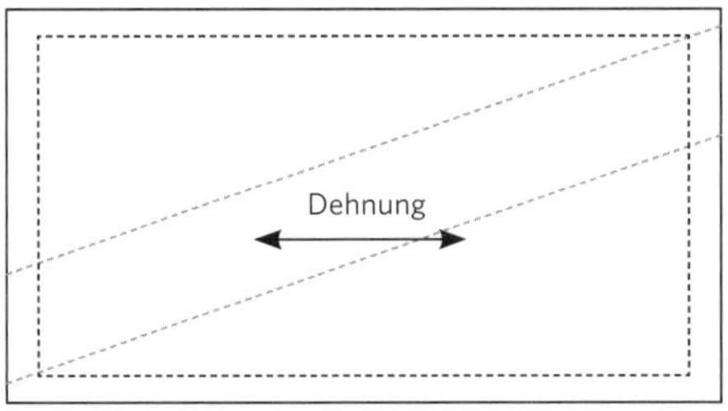

Glühbirnenfassung

2 × STOFF UND 2 × MUSSELIN

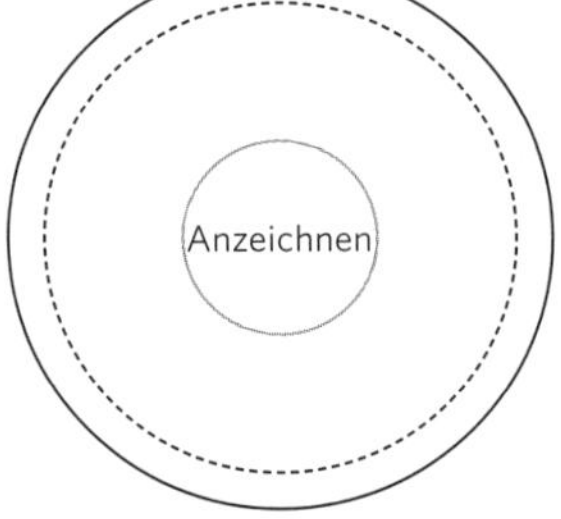

Elektrischer Kontakt

1 × STOFF UND 1 × MUSSELIN

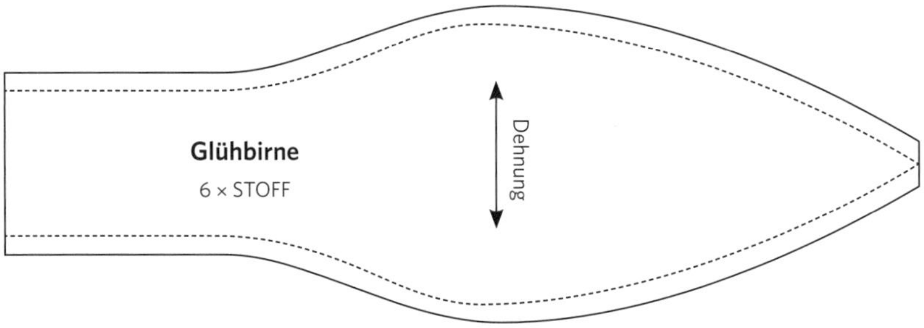

Glühbirne

6 × STOFF

DIE REISENDEN: HAPPY UND KITTY

Schablone 50% der Originalgröße, auf 200% vergrößern.

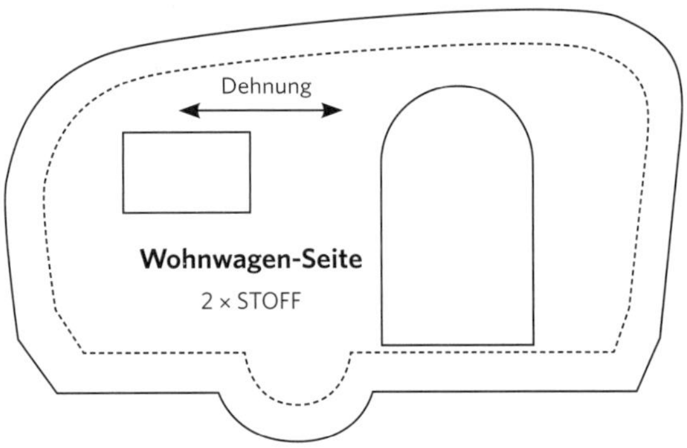

Wohnwagen-Seite

2 × STOFF

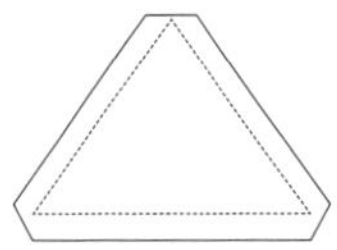

Anhängevorrichtung

2 × STOFF UND 1 × SCHWERES VERSTÄRKUNGSVLIES

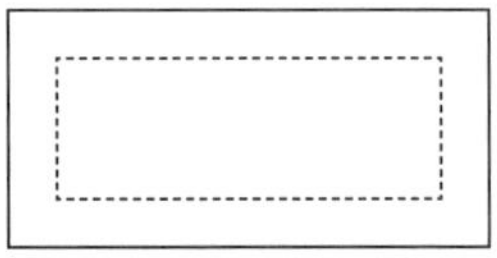

Wohnwagen-Heckscheibe

1 × STOFF

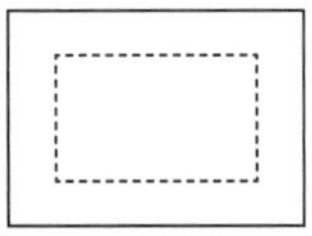

Wohnwagen-Seitenscheibe

1 × STOFF PRO FENSTER

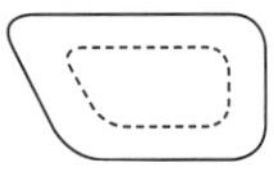

Kombi-Seitenscheibe 1

2 × STOFF

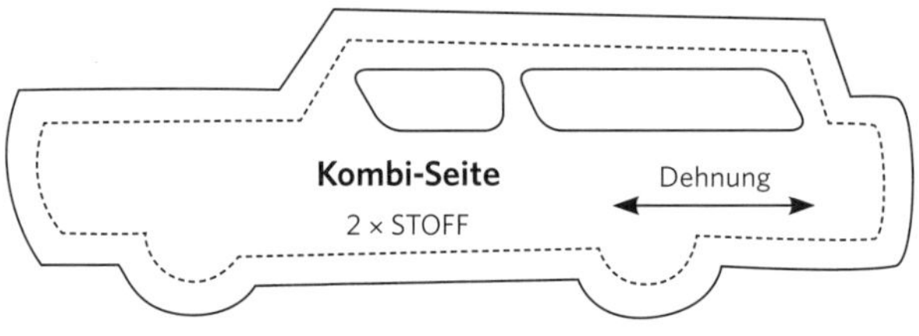

Kombi-Seite

2 × STOFF

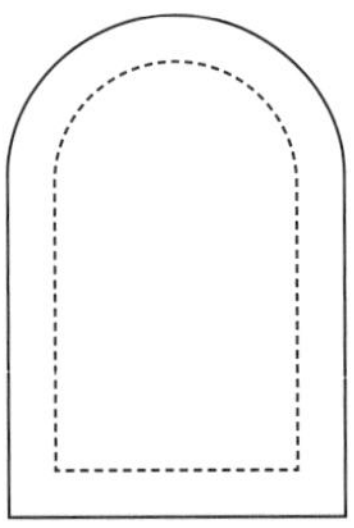

Wohnwagentür

3 × STOFF

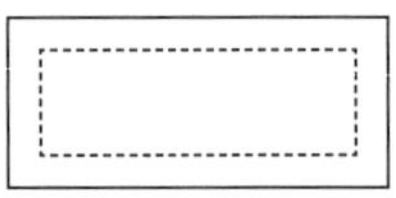

Kombi-Heckscheibe

1 × STOFF

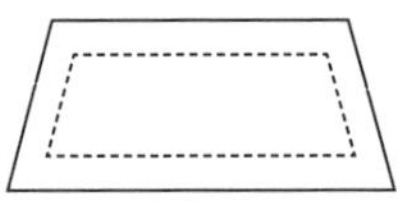

Kombi-Windschutzscheibe

1 × STOFF

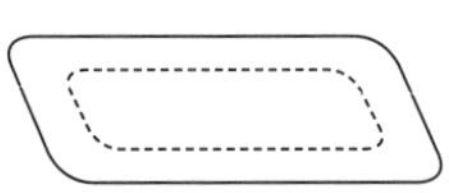

Kombi-Seitenscheibe 2

2 × STOFF

INDEX

Widmung

Dieses Buch ist meinen beiden wundervollen Töchtern Mia und Elliot gewidmet. Danke, dass ihr mich mit eurem süßen Wesen, nie endendem Einfallsreichtum, eurer Liebe und eurem Lachen inspiriert!

In Liebe, eure Mama

www.komet-verlag.de

Übersetzung: Stefanie Becker

Step-Fotos: Kerry Goulder

Fotos: Bangwallop Photography, außer S. 6, 76, 81 von Nadra Edgerley

ISBN 978-3-86941-393-8

KOMET

Zur Autorin

Foto von Nadra Edgerley

Kerry Goulders Nähmuster und Handarbeitsprojekte sind auf dem Cover und im Innenteil der Zeitschriften *Crafts 'n Things* und *STUFFED* erschienen. Sie hat außerdem fünf Nähmuster für Anna Griffin, Inc. entworfen, die im Mai 2011 auf dem International Quilt Market vorgestellt wurden.

Kerry Goulder wurde in Texas geboren. Durch ihr Leben in Texas und in Long Island im Bundesstaat New York hat Kerry ihre Liebe zu Pferden, zur Sonne, der salzigen Meeresluft und dem Gefühl von Sand zwischen ihren Zehen entwickelt. Sie traf 1994 während ihres Studiums der Bildenden Kunst an der Universität Hartford in Connecticut ihren Mann Travis in einem Bildhauereikurs. Die beiden haben sich in einer schönen Küstenstadt in Maine niedergelassen, wo sie mit ihren beiden Töchtern leben.

Wenn sie gerade nicht näht, tanzt Kerry gern mit ihren Töchtern in der Küche, geht mit ihrem Mann aus und telefoniert regelmäßig mit ihrer Zwillingsschwester Sue, um neue Ideen zu erarbeiten.

Besuchen Sie Kerry Goulder unter: www.kidgiddy.com.

DANK

Ohne die folgenden Menschen und Firmen würde es dieses Buch nicht geben.

Zuallererst möchte ich meinem Himmlischen Vater danken, der mich durch diesen Prozess getragen und mir eine wundervolle Familie und ein tolles Talent gegeben hat, das ich mit anderen teilen kann. Meinem besten Freund und Mann Travis danke ich für seine Liebe, Geduld und unermüdliche Unterstützung bei der Hausarbeit, wenn ich zu sehr von diesem Projekt beansprucht war und den Haushalt habe schleifen lassen. Ich danke meinen Töchtern für ihre Umarmungen, Küsse und aufmunternden Worte.

Mein Dank gilt auch meiner Mutter Karen und meiner Zwillingsschwester Sue, die mir kreatives Feedback und so vieles mehr geben. Danke an meine Großmutter, die meiner Mutter alles beigebracht hat, das sie mir weitergegeben hat. An Amy, die mein geistiger Anker ist, und an Danna, von der ich meine erste Nähmaschine bekommen habe (die mich nie im Stich lässt), an Nadra für das wunderschöne Foto, an Phoebe, die mich bestärkt hat, meine erste Veröffentlichung einzureichen, und an alle Freunde und Familie, die mich in den Jahren unterstützt haben.

Vielen Dank an Anna Griffin, die Tür und Tor für mich geöffnet und mir den Einstieg leicht gemacht hat. Mein besonderer Dank gilt Rachel Scheller, die etwas in meiner Arbeit und in meinem Stil gesehen hat, das ein Buch wert ist, und allen Mitarbeiter/innen bei F+W: Vanessa, Stef, Julie und Roseann. Sie kennen jetzt meine besten und schlimmsten Seiten. Danke, dass Sie dieses Buch für mich mit Leben gefüllt haben.

Heather Bailey: Worte können meiner Dankbarkeit dafür, dass Sie anderen wie mir helfen, sich zu entfalten, keinen Ausdruck verleihen! Danke, dass Sie das Vorwort zu meinem Buch verfasst haben.

Vor allem aber möchte ich Ihnen danken, die Sie das Buch in Händen halten, es lesen, hineinschauen, es kaufen, mit anderen teilen, es wertschätzen und Ihre eigenen Geschichten kreieren und weitergeben. Ich kann Ihnen nicht genug danken, aber ich möchte es versuchen.